Die

Staatskonkurs-Aufgaben

im Jahre

1891.

I. Aufgabe
aus dem bürgerlichen Rechte.

1. Otto Dietrich hatte bei dem Banquier Wolff 40000 ℳ in Wertpapieren hinterlegt und ihn beauftragt, nach seinem Ableben die Papiere seiner Geliebten Anna Freund, welcher er diesen Betrag letztwillig zuwenden wolle, auszuhändigen. Zugleich bat er den Banquier, den erhaltenen Auftrag vor seinen Neffen und Erben Karl und Max Dietrich geheim zu halten. Diese erhielten jedoch nach dem Tode ihres Onkels Otto von der Zuwendung, die derselbe seiner Geliebten zu machen beabsichtigte, Kenntnis und verboten dem Banquier, die Wertpapiere an Anna Freund hinauszugeben. Trotzdem händigte Wolff sie der Anna Freund aus.

Später erklärte Karl Dietrich der Anna Freund, er beanspruche von den 40,000 ℳ nichts, wenn ihm Anna Freund den Betrag einer ihm gegen Otto Dietrich zustehenden, noch nicht fälligen, Forderung sofort bezahlen würde, worauf Anna Freund diese Zahlung an Karl Dietrich leistete. Dieser schlug bei der späteren Auseinandersetzung des Nachlasses des Otto Dietrich vor dem Amtsgerichte Z die Erbschaft seines Onkels aus, und Max Dietrich erklärte hierauf, daß er die demnach ihm allein zugefallene Erbschaft des Otto Dietrich unbedingt antrete.

Welche Ansprüche stehen dem Max Dietrich gegen Banquier Wolff und welche Ansprüche gegen Anna Freund zu?

2. Michael Hofer hat unter der Behauptung, daß er 1889 dem Baumeister Grimm um 3000 ℳ Holz verkauft, Grimm aber an seiner Schuld nur 1500 ℳ in Teilzahlungen von:

1. 500 ℳ, 300 ℳ und 200 ℳ, geleistet an ihn — Hofer — selbst,
2. 300 ℳ, 200 ℳ, geleistet an seine mit Generalvollmacht versehene Schwester Anna Hofer

gutgemacht habe, auf Zahlung von 1500 ℳ Klage gegen Grimm erhoben. Dieser ließ Versäumnis-Urteil wider sich ergehen und zahlte nach dessen Rechtskraft den eingeklagten Betrag.

Später fand Grimm unter seinen Papieren außer den fünf Quittungen über die voraufgeführten Teilzahlungen eine weitere Quittung, inhaltlich deren Anna Hofer am 15. Oktober 1889 bekannte, von ihm auf seine Holzschuld für Rechnung des Michael Hofer 100 ℳ empfangen zu haben. Grimm erinnerte sich nun, daß er an jenem Tage der Anna Hofer, von welcher er damals nicht wußte, daß sie von ihrem Bruder zum Geldempfang bevollmächtigt sei, 100 ℳ mit dem Auftrag übergeben habe, sie ihrem Bruder zu überbringen.

Kann Grimm die zuviel bezahlten 100 ℳ von Anna Hofer oder von Michael Hofer zurückfordern?

Ist es rechtlich von Erheblichkeit, ob Anna Hofer die 100 ℳ ihrem Bruder ausgehändigt oder für sich verbraucht hat? und ob, wenn sie den erhaltenen Betrag ihrem Bruder ausgehändigt hatte, dieser bei Erhebung der Klage gegen Grimm absichtlich oder aus Versehen 100 ℳ zuviel gefordert hat?

3. Das Amtsgericht N hat auf Gesuch des Kaufmanns Rein die Beschlagnahme des Anwesens des Gütlers Kern zum Zwecke der Zwangsvollstreckung beschlossen und am 4. Juli 1890 die Beschlagnahme im Hypothekenbuche eingetragen, ausweislich dessen auf jenem Anwesen ein Bankkapital als erste und einzige Hypothek eingetragen und die lebende und tote Baumannsfahrnis als Anwesens-Zugehörung erklärt ist.

Beim Versteigerungstermine vom 30. September 1890 ist der Zuschlag des beschlagnahmten Anwesens „nebst allen Zugehörungen“ an den Privatier Stadler erfolgt. Aus dem vom Ansteigerer vollständig erlegten Kaufpreise wurden die der Forderung des Beschlagnahmegläubigers im Range vorgehenden Ansprüche und die aus der Masse zu berichtigenden Kosten gedeckt; dagegen ist Kaufmann Rein nur mit einem Teile seines Guthabens, für welches er die Beschlagnahme erwirkt hatte, nemlich mit 2000 ℳ, zum Zuge gekommen.

Nach dem Versteigerungstermine haben sich folgende Thatsachen, von denen zur Zeit der Versteigerung weder der Notar, noch der Ansteigerer Kenntnis hatte, ergeben:

1. Am 10. Juli 1890 hatte der Zimmermann Groll drei eingemauerte Thürstöcke aus dem Anwesen des Kern herausgebrochen, und dieser deren Fortnahme durch Groll gestattet, da der letztere sich das Eigentum der Thürstöcke bis zu der, noch nicht erfolgten, Berichtigung des Kaufpreises vorbehalten hatte.

2. Am 14. Juli 1890 nachts hatte der Gütler Reiter heimlich vier Fensterflügel aus ihren Angeln am Anwesen des Kern gehoben und sie seinem eigenen Hause eingefügt.

3. Am 30. Juli 1890 hat Kern sein Anwesen verlassen und zwei Pferde, welche in das vom Gerichtsvollzieher angefertigte Verzeichnis der mit dem Anwesen beschlagnahmten Zugehörungen aufgenommen waren, mit sich fortgeschafft. Das eine der Pferde ist im Stalle des Gütlers Roth, bei dem Kern wohnt, untergebracht, das andere hat Kern dem Frachtfuhrmanne Grau vermietet.

Welchen Personen stehen infolge des Vorgehens des Groll, des Reiter, des Kern Ansprüche zu, und wie können diese Ansprüche geltend gemacht werden?

Bei der Bearbeitung sind neben den Reichsgesetzen das Gemeine Recht und die für das ganze Gebiet desselben in Bayern geltenden Landesgesetze zu Grunde zu legen. Die Entscheidungen sind zu begründen.

II. Aufgabe
aus dem bürgerlichen Rechte.

Eduard und Ludwig Bauer haben an Karl Schwarz die nachstehenden Güter und Grundstücke, welche sie als Erben ihres Vaters ungeteilt besaßen, veräußert:

A.

Eduard und Ludwig Bauer haben laut notariellen Vertrags ihr Landgut an Karl Schwarz um 480,000 ℳ verkauft. Bei den Vorverhandlungen über den Kauf hatte Ludwig Bauer 500,000 ℳ verlangt. Da ihm jedoch Karl Schwarz ohne Wissen des Eduard Bauer zugesichert hatte, er werde ihm nach dem notariellen Vertragsabschlusse 10,000 ℳ, demnach so viel bezahlen, als auf Ludwig Bauer bei einem Kaufpreise von 500,000 ℳ treffen würde, war auch Ludwig Bauer schließlich damit einverstanden, daß im notariellen Vertrage ein Kaufpreis von 480,000 ℳ angegeben werde.

B.

Eduard und Ludwig Bauer hatten mit Karl Schwarz weiter vereinbart, daß sie an ihn:

1. eine Mühle mit Vorräten um 150,000 ℳ,
2. die Baugründe Plan-Nummer 40, 41 und 42 um je 3000 ℳ,
3. die sogenannte Hofwiese Plan-Nummer 43 zu 1 Hektar um 500 ℳ,
4. die Plan-Nummer 80 Weiher zu 10 Hektaren um 1000 ℳ verkaufen.

Später haben die drei Beteiligten die vorstehende Vereinbarung dahin abgeändert, daß Schwarz:

1. die Mühle ohne Vorräte um 100,000 ℳ,
2. die Baugründe Plan-Nummer 40 und 42 um je 3000 ℳ,
3. die sogenannte Breitwiese Plan-Nummer 44 zu 4 Hektaren um 4000 ℳ,
4. die Plan-Nummer 80 Weiher zu 10 Hektaren um 1000 ℳ käuflich zu erhalten und für die gleichfalls

an ihn zu verkaufenden Vorräte der Mühle den von einem Sachverständigen zu bestimmenden Preis zu zahlen habe.

Eduard und Ludwig Bauer und Karl Schwarz hatten die frühere und die spätere Vereinbarung schriftlich festgestellt und beide Aufschreibungen dem Notare Kurz behändigt, den sie um Beurkundung der späteren Vereinbarung ersucht haben.

Aus Versehen hat der Notar die frühere Vereinbarung zur Grundlage der von ihm errichteten Urkunde gemacht und diese ist von den Verkäufern und dem Käufer unterschrieben worden, ohne daß sie bei Verlesen der Urkunde den Irrtum des Notars wahrgenommen haben.

Als diese Wahrnehmung erfolgt war, haben Eduard und Ludwig Bauer und Karl Schwarz in einer Privaturkunde die notarielle Urkunde nach Maßgabe ihrer späteren Vereinbarung mit dem Beisatze richtig gestellt, daß der Weiher zu 10 Hektaren nicht die Plan-Nummer 80, sondern die Plan-Nummer 88 führe.

C.

Endlich haben Eduard und Ludwig Bauer an Karl Schwarz ihre Brauerei sammt Inventar, Vorräten und Ausständen um 700,000 ℳ verkauft. Behufs Minderung der Staats- und Notariatsgebühren sind die drei Genannten übereingekommen, daß:

1. eine Notariatsurkunde nur hinsichtlich des Brauereigebäudes errichtet und in ihr als Kaufpreis für das Gebäude der bei dessen letzter Schätzung ermittelte Wertsbetrag von 150,000 ℳ angegeben,
2. über die käufliche Ueberlassung des Inventars, der Vorräte und Ausstände eine Privaturkunde mit Angabe eines Kaufpreises von 550,000 ℳ aufgenommen,
3. in der Notariatsurkunde das Zustandekommen des in ihr verlautbarten Vertrages als von der Errichtung der Privaturkunde über das Inventar u. s. w. abhängig erklärt werden solle.

Dieser Vereinbarung entsprechend sind die Notariats- und die Privaturkunde aufgenommen worden.

Kann
1. Karl Schwarz?
Können
2. Eduard und Ludwig Bauer gemeinschaftlich?
Kann
3. einer der beiden letzteren allein
die Rechtswirksamkeit der Verträge unter A, B und C bekämpfen?

Wäre es für die Anfechtung des Vertrags unter A von Erheblichkeit, wenn bei Errichtung der Notariatsurkunde Ludwig Bauer und Karl Schwarz durch Bevollmächtigte vertreten gewesen wären, die den Auftrag hatten, den Kaufvertrag um 480,000 ℳ abzuschließen und denen von dem Sonderabkommen zwischen ihren Auftraggebern nichts bekannt war?

Welche Änderung der rechtlichen Lage träte ein, wenn Karl Schwarz das Landgut ein Jahr nach Abschluß des Kaufvertrages entsprechend der inzwischen eingetretenen Wertssteigerung um 520,000 ℳ an Oswald Stein verkauft und übergeben hätte?

Bei der Bearbeitung sind neben den Reichsgesetzen das Gemeine Recht und die für das ganze Gebiet desselben in Bayern geltenden Landesgesetze zu Grunde zu legen. Die Entscheidungen sind zu begründen.

I. Aufgabe

aus dem Handels-, Wechsel- und Konkursrechte.

1. Mehrere Mitglieder des Turnclubs Neuhof, eines anerkannten Vereins, haben zum Zweck des Erwerbs eines Grundstückes und der mietweisen Überlassung dieses Grundstücks an den genannten Club eine Aktiengesellschaft: „Turnhaus Neuhof" gegründet.

Der Gesellschaftsvertrag enthält unter anderen folgende Bestimmungen:

a. Die auf Namen lautenden Aktien zu 200 ℳ dürfen nur mit Zustimmung des Vorstandes der Aktiengesellschaft und ausschließlich an Mitglieder des Turnclubs übertragen werden.

b. Ein Aktionär, der aus dem Turnclub austritt oder ausgeschlossen wird, verliert seine Anteilsrechte. Der Vorstand ist befugt, die hienach verfallenden Aktienrechte für Rechnung der Aktiengesellschaft an Mitglieder des Turnclubs zu veräußern.

c. In gleicher Weise verfallen nach dem Tode eines Aktionärs dessen Anteilsrechte, wenn sie auf Personen übergehen, die nicht Mitglieder des Turnclubs sind, der Aktiengesellschaft, falls die Aktien nicht binnen Jahresfrist an Mitglieder des Turnvereins veräußert worden sind.

Während dieser Jahresfrist können die Nachfolger von Todeswegen, die nicht Mitglieder des Turnclubs sind, ihr Stimmrecht in der Generalversammlung nur durch Bevollmächtigte ausüben, welche dem Turnclub als Mitglieder angehören.

d. Der jeweilige Vorstand des Turnclubs Neuhof bildet zugleich den Vorstand der Aktiengesellschaft „Turnhaus Neuhof".

Geben diese Bestimmungen Anlaß, den Eintrag des Gesellschaftsvertrags in das Handelsregister zu verweigern?

2. Kann eine Aktiengesellschaft

a. einer offenen Handelsgesellschaft,
b. einer eingetragenen Genossenschaft,
c. einem anerkannten Verein

als Mitglied angehören?

3. Über das Vermögen des A, eines in X, der Hauptstadt des N'schen Reiches wohnenden N'schen Staatsangehörigen ist von dem zuständigen Gerichte in X der Konkurs eröffnet worden.

Der Konkursverwalter brachte in Erfahrung, daß A, der am Tage vor der Konkurseröffnung auf einer Reise nach München gekommen ist und sich seit dieser Zeit in München aufhält, einen wertvollen Brillantring trägt, und möchte für die Konkursmasse in den Besitz dieses Ringes gelangen.

Auf welchem Wege kann er dieses Ziel erreichen, wenn A die Herausgabe des Ringes verweigert?

Bemerkt wird, daß das im N'schen Reiche geltende Konkursrecht, soweit dessen Bestimmungen in Frage kommen, von dem deutschen Konkursrecht nicht abweicht.

Neben den Reichsgesetzen haben die Kandidaten, welche die Prüfung in den Landesteilen rechts des Rheins ablegen, das Gemeine Recht mit den für das ganze Gebiet desselben in Bayern geltenden Landesgesetzen, die Kandidaten, welche die Prüfung in der Pfalz ablegen, das dort geltende Landesrecht anzuwenden. Die Entscheidungen sind zu begründen.

II. Aufgabe
aus dem Handels-, Wechsel- und Konkursrechte.

Der Konkursgläubiger A, dessen Forderung im Prüfungstermine nicht bestritten und demzufolge in die Tabelle als festgestellt eingetragen wurde, hat gegen die Forderung, die der Konkursgläubiger B auf Grund eines gegen den Gemeinschuldner erlassenen Vollstreckungsbefehles angemeldet hat, Widerspruch erhoben und diesen Widerspruch im Wege der Klage verfolgt.

B macht geltend, daß A zu einem Widerspruche nicht berechtigt sei, da dessen Forderung, wie er erst nach dem Prüfungstermine erfahren habe, vor der Eröffnung des Konkurses durch den Gemeinschuldner bezahlt worden sei.

A bezeichnet diese Einwendung des B als unzulässig, da seine Forderung B gegenüber durch die Eintragung in die Tabelle rechtskräftig festgestellt sei.

Wie ist zu entscheiden?

2. Mit Brief vom 31. März 1891 bot die Firma Stein und Cie. in Riga dem Getreidehändler Arnold Adler in München eine größere Partie Waizen um den Preis von 100,000 ℳ zum Kaufe an mit dem Bemerken, der Preis müsse entweder sofort bei Abschluß des Geschäftes unter Abzug eines Scontos von 1000 ℳ bar bezahlt oder es müsse ein „Drei Monat Prima-Bankier-Akzept" gegeben werden. Adler antwortete telegraphisch, er nehme das Anerbieten an; die Firma Stein und Cie. möge ihm mitteilen, ob sie die Effekten-Bank in München als „Prima-Bankier" gelten lasse. Stein und Cie. bestätigte dieses, lieferte am 5. April 1891 den Waizen, und zog eine Tratte an eigene Ordre zu 100,000 ℳ auf die Effektenbank, die diese akzeptierte, nachdem sie ihrerseits sich von Adler ein Akzept auf dieselbe Summe zugänglich ihrer Provision hatte erteilen lassen.

Im Mai 1891 geriet die Effektenbank in Konkurs.

Kann Stein und Cie. von Adler verlangen, daß dieser ihr den Kaufpreis für den Waizen, — abzüglich der in dem Konkurse über die Effektenbank auf die Wechselforderung der Firma Stein und Cie. treffenden Summe — bezahle?

Könnte Adler, gesetzt er hätte nach der Eröffnung des Konkurses über die Effektenbank der Firma Stein und Cie. den vollen Kaufpreis für den Waizen bezahlt und sich dafür den von der Effektenbank angenommenen Wechsel girieren lassen, die Bezahlung des von ihm der Effektenbank gegebenen Akzeptes an die Konkursmasse unter Berufung auf die ihm seinerseits gegen die Effektenbank zustehende Forderung verweigern?

3. Der Kaufmann August Katz in Nürnberg hat gegen den Kaufmann Wilhelm Hiller in München im ordentlichen Verfahren Klage auf Bezahlung des nachstehenden Wechsels erhoben.

Vorderseite.

Nürnberg, den 1. September 1891.

Am 2. Oktober 1891 zahlen Sie gegen diesen Wechsel an die Ordre des Kaufmanns Hugo Dorn in München die Summe von 1000 M.

Herrn Wilhelm Hiller, Kaufmann in München.

Karl Berger, Schlossermeister in Nürnberg.

Angenommen den 13. September 1891.
Wilhelm Hiller.

Rückseite.

Für mich an die Ordre des Kaufmanns Hugo Dorn in München.
Nürnberg, den 1. September 1891.
Karl Berger.

Für mich an die Ordre des Kaufmanns August Katz in Nürnberg.
München, den 6. September 1891.
Hugo Dorn.

Quittung
Zahlung empfangen.
Nürnberg, den 13. Oktober 1891.
August Katz.

Der Beklagte setzte der Klage folgendes entgegen:

Der Kläger sei nicht berechtigt, die Wechselforderung einzuziehen, da das erste Indossament nicht von dem Remittenten herrühre. Auch sei der eingeklagte Wechsel, welchen Berger für gelieferte Schlosserwaren auf ihn gezogen habe, bezahlt. Er habe nämlich wenige Tage, nachdem Katz ihm den Wechsel zur Zahlung vorgelegt und mangels einer solchen habe protestieren lassen, an Berger die Wechselsumme mit dem Auftrage gesendet, den Wechsel einzulösen und ihm zu übersenden. Berger habe dann, wie die auf dem Wechsel befindliche Quittung ausweise, am 13. Oktober 1891 die Wechselsumme an Katz bezahlt und ihm mit Brief vom

14. Oktober 1891 mitgeteilt, er werde ihm den Wechsel in den nächsten Tagen persönlich überbringen. Statt dessen habe er am 15. Oktober 1891 von Katz eine Aufforderung erhalten, den Wechsel an ihn zu bezahlen. Hiezu sei er aber wegen Mangels der Legitimation des Katz zur Geltendmachung der Wechselforderung, dann wegen der alle Rechte aus dem Wechsel vernichtenden, von Katz unbefugter Weise durchstrichenen Quittung auf dem Wechsel und endlich deshalb nicht verbunden, weil Katz, an welchen der Wechsel erst nach dem 13. Oktober 1891 zurückgegangen sei, die Berger gegenüber begründete Einrede der Tilgung der Wechselschuld gegen sich gelten lassen müsse.

Der Kläger erwiderte:

Der Aussteller des Wechsels, der Schlossermeister Berger, ein Mann ohne kaufmännische und rechtliche Kenntnisse, habe durch sein Indossament lediglich die bereits im Wechsel gegebene Erklärung, daß der Trassat an den Remittenten Zahlung leisten solle, wiederholen wollen. Er, der Kläger, habe übrigens das Giro des Berger, sobald er aus dem vorbereitenden Schriftsatz des Beklagten ersehen habe, daß dasselbe zu einer Beanstandung der Legitimation Anlaß gebe, durchstrichen, so daß nunmehr dieser Einwand des Beklagten gegenstandslos sei.

Richtig sei, daß ihm Berger am 13. Oktober 1891 die Wechselregreßsumme bezahlt und er an diesen den quittierten Wechsel nebst Protest ausgehändigt habe. Bei dieser Gelegenheit habe er Berger aufgefordert, eine ältere Darlehensschuld, für welche er bereits gegen Berger einen Vollstreckungsbefehl erwirkt hatte, zu begleichen. Berger habe ihm Zahlung für den nächsten Tag versprochen, aber nicht geleistet. Er habe nun Berger vorgeschlagen, sie wollten die Zahlung, die Berger am Tage vorher auf den Wechsel geleistet habe, auf die vollstreckungsreife Darlehensforderung anrechnen und die Einlösung des Wechsels rückgängig machen. Berger habe sich damit einverstanden erklärt und ihm den Wechsel nebst Protest, er dagegen Berger den Vollstreckungsbefehl ausgehändigt. Er wolle nicht bezweifeln, daß Hiller die Mittel zur Einlösung des Wechsels Berger zur Verfügung gestellt habe; allein hieraus könne ihm gegenüber keine Einrede abgeleitet werden, da ihm Berger dies verschwiegen, vielmehr bei der Einlösung am 13. Oktober 1891 unter Klagen über die Zahlungssaumsal des Beklagten bemerkt habe, er werde gegen den letzteren den Wechsel sofort einklagen.

Der Beklagte entgegnete:

Es sei eine unzulässige Klageänderung, wenn der Kläger gegen ihn nunmehr auf Grund eines Wechsels vorgehe, dessen Inhalt er während des Rechtsstreites durch eine Durchstreichung verändert habe. Daß Berger dem Kläger verschwiegen habe, daß die Einlösung des Wechsels im Auftrage und mit Mitteln des Beklagten erfolge, wolle er nicht bestreiten; dies ändere aber die Rechtslage nicht.

Wie ist zu entscheiden?

Neben den Reichsgesetzen haben die Kandidaten, welche die Prüfung in den Landesteilen rechts des Rheins ablegen, das Gemeine Recht mit den für das ganze Gebiet desselben in Bayern geltenden Landesgesetzen, die Kandidaten, welche die Prüfung in der Pfalz ablegen, das dort geltende Landesrecht anzuwenden. Die Entscheidungen sind zu begründen.

I. Aufgabe

aus dem Zivilprozeßrechte.

1. C hat dem A eine ihm angeblich gegen B zustehende Forderung von 250 ℳ übertragen.

Auf Klage des A gegen B hat das zuständige Amtsgericht X mit Urteil vom 14. Jänner 1891 den B zur Zahlung von 150 ℳ verurteilt und im übrigen die Klage abgewiesen.

Am 20. Jänner 1891 hat C, welchem A nach Erhebung der Klage gegen B den Streit verkündet hatte, dem A und B einen Schriftsatz, in welchem erklärt ist,

daß C auf Grund seiner vertragsmäßigen Haftung für den Bestand der klagsgegenständigen Forderung dem zwischen A und B wegen 250 ℳ bei dem Amtsgerichte X anhängigen Rechtsstreite zur Unterstützung des A beitrete,

und, anschließend hieran, dem B das Urteil des Amtsgerichts X zustellen lassen.

Unter dem 24. Jänner 1891 ist das bezeichnete Urteil sodann dem A auf Betreiben des B zugestellt worden.

Mittels eines dem A und C am 21. Februar 1891 zugestellten Anwaltsschriftsatzes hat hierauf B Berufung zu dem zuständigen Landgerichte mit dem Antrage erhoben,

das Urteil des Amtsgerichts X aufzuheben und die Klage des A kostenfällig abzuweisen.

Am 23. Februar 1891 endlich wurde dem Anwalte des B ein Schriftsatz des Anwaltes des A zugestellt, inhaltlich dessen sich A der Berufung des B mit dem Antrage anschließt,

den B unter Abänderung des erstrichterlichen Urteils zur Zahlung von 250 ℳ und zur Tragung der Kosten beider Rechtszüge zu verurteilen.

Im Termine erschienen die Anwälte des A und B, verhandelten zur Sache und wiederholten hiebei ihre schriftlichen Anträge.

Hierauf erließ das Gericht in der Hauptsache das folgende Urteil:

Die Berufung des B und die Anschließung des A werden als unzulässig verworfen.

Ist diese Entscheidung gerechtfertigt?

2. Am 10. Juni 1891 erschien Gerichtsvollzieher X im Auftrage des Gläubigers A bei dessen Schuldner B, um gegen den letzteren wegen einer vollstreckungsreifen Forderung des A von 800 ℳ mit Pfändung vorzugehen. Zunächst begab sich X in den Stall des B; dort fand er zwei Milch-

kühe im Schätzungswerte von je 100 ℳ vor; er erklärte die eine derselben als gepfändet, während er die andere dem Schuldner als diesem unentbehrlich beließ. Die Pfändung machte X dadurch ersichtlich, daß er an die Stallthüre einen mit seinem Amtssiegel versehenen Anschlag folgenden Wortlautes heftete:

Von den in diesem Stalle befindlichen beiden Kühen ist die eine in Sachen A gegen B wegen Forderung von 800 ℳ gepfändet.

Am 10. Juni 1891

X, Gerichtsvollzieher.

Hierauf verfügte sich X in das Wohnzimmer des B. Nachdem er dort eine Uhr im Schätzungswerte von 10 ℳ und mehrere Möbelstücke im Gesamtwerte von 180 ℳ als gepfändet erklärt, die Uhr zu sich genommen, die Möbelstücke, weil er sie mit Zustimmung des A im Gewahrsame des B belassen wollte, je durch Aufkleben von mit seinem Amtssiegel bedruckten Papierplättchen als gepfändet bezeichnet hatte, erlitt er einen Schlaganfall und starb an Ort und Stelle, bevor er den Auftrag des A vollständig erledigt und über das, was geschehen war, Protokoll errichtet hatte.

A beauftragte nunmehr den Gerichtsvollzieher Y mit der Versteigerung der von X gepfändeten Gegenstände. Y bestimmte auch hiezu Tagfahrt auf 18. Juni 1891 vormittags 9 Uhr.

In diesem Termine verständigte B den Y davon, daß er, B, am 17. Juni 1891 Antrag auf Eröffnung des Konkurses über sein Vermögen gestellt habe.

Y nahm jedoch die Versteigeruug vor und behändigte alsbald dem Gläubiger A den Erlös.

Noch am 18. Juni 1891, nachmittags 3 Uhr, wurde der Konkurs über das Vermögen des B eröffnet und C als Konkursverwalter ernannt.

C verlangt nun von A die Herausgabe des Versteigerungserlöses zur Konkursmasse.

Ist dieses Verlangen berechtigt?

3. A hat gegen B auf einen Forderungsbetrag von 150 ℳ und 4 ℳ 20 ₰ Kosten einen Vollstreckungsbefehl des Amtsgerichts X und wegen einer ihm gegen B weiter zustehenden noch nicht fälligen Forderung von 200 ℳ einen Arrestbeschluß desselben Gerichts erwirkt, wonach zur Sicherung der Zwangsvollstreckung für die letzterwähnte Forderung in Höhe ihres Betrages — ohne Berücksichtigung von Kosten — dinglicher Arrest in die bewegliche Habe des B verfügt, diesem jedoch freigegeben wurde, den Vollzug des Arrestes durch gerichtliche Hinterlegung von 200 ℳ abzuwenden.

Als Gerichtsvollzieher Z im Auftrage des A mit dem Vollstreckungsbefehle und der Ausfertigung des Arrestbeschlusses bei B erschien, um Pfändung vorzunehmen, erklärte B, daß er die beiden Forderungen des A und die auf die Zwangsvollstreckung wegen des Betrages von 154 ℳ 20 ₰ entstandenen Kosten sofort bezahlen wolle und übergab auch den Betrag von 354 ℳ 20 ₰ nebst den Kosten, welche auf die Beitreibung der 154 ℳ 20 ₰ erwachsen waren, dem Gerichtsvollzieher Z. Dieser erteilte ihm hierüber Quittung, verweigerte dagegen die von B verlangte Herausgabe des Vollstreckungs- und des Arrestbeschlusses.

Kann A und auf welchem Wege allenfalls die Herausgabe der beiden Beschlüsse vom Gerichtsvollzieher Z erzwingen?

4. In dem von A gegen B betriebenen Zwangsversteigerungsverfahren war C vom Vollstreckungsgerichte zu dem Zwecke aufgestellt, die seit der Beschlagnahme anfallenden Mieterträgnisse des schuldnerischen Anwesens von den Mietern zu erheben und nach Abzug der Lasten an das Gericht abzuliefern. Nach Versteigerung des Beschlagnahmegegenstandes legte C dem Gerichte seine Rechnung vor, aus der sich ergab, daß eine Reihe von Mietern mit den während des Verfahrens fällig gewordenen Zinsen im Rückstande geblieben ist.

Was hat mit den zur Zeit des Verteilungsplanabschlusses noch bestehenden Mietzinsrückständen zu geschehen?

Neben den Reichsgesetzen und für ganz Bayern gemeinsamen Gesetzen haben die Kandidaten, welche die Prüfung in den Landesteilen recht des Rheins ablegen, die für das rechtsrheinische Bayern geltenden Gesetze sowie das Gemeine Recht mit den für das ganze Gebiet desselben in Bayern geltenden Landesgesetzen, die Kandidaten, welche die Prüfung in der Pfalz ablegen, das dort geltende Landesrecht anzuwenden.

Die Entscheidungen sind zu begründen.

II. Aufgabe

aus dem Zivilprozeßrechte.

1. B ist durch rechtskräftiges Urteil des Landgerichts X vom 1. Juli 1891 verurteilt worden, an den Kläger A 1200 ℳ Hauptsache, 5 % Zinsen hieraus seit 1. Jänner 1889 zu bezahlen und die Streitskosten zu tragen. Diese Judikatforderung des A in Hauptsache, Zinsen und Kosten ist durch Beschluß des Amtsgerichts Y dem C, einem Gläubiger des A, an Zahlungsstatt überwiesen worden.

C stellt nun an A das Ersuchen, seine Kosten festsetzen zu lassen, eventuell ihm die Akten mitzuteilen oder doch deren Einsicht zu gestatten. A erwidert, zum Antrage auf Kostenfestsetzung halte er sich nicht mehr für berechtigt; die Akten könne er nicht herausgeben, weil sein Anwalt dieselben der Kosten wegen zurückhalte, übrigens protestiere er sowohl gegen eine etwaige Herausgabe wie gegen eine Einsicht der Akten durch C, denn beides brauche er, A, sich nicht gefallen zu lassen.

Kann nun C vom Anwalte des A verlangen, daß er ihm die Handakten herausgebe oder dieselben einsehen lasse?

Auf welchem Wege kann B die Kostenforderung des A beitreiben?

2. In dem Rechtsstreite des A gegen B ist ersterer zum Beweise der Klagsbehauptungen durch die von ihm benannten

Zeugen, nämlich durch seine Ehefrau M und durch die Ehefrau N zugelassen und das Amtsgericht X mit Vernehmung derselben beauftragt worden. Bei der Vernehmungstagfahrt verweigerten sowohl M als N das Zeugnis. Die letztere gründete diese Weigerung auf eine Schwägerschaft mit dem Beklagten, welche sie also darlegte:

Der Beklagte B sei der eheliche Sohn des C aus dessen Ehe mit D; nach Ableben des C sei D eine zweite Ehe mit E eingegangen; auf Ableben der D habe sich E mit ihr, N, wiederverehelicht.

Das Amtsgericht nahm über die Zeugnisweigerung Protokoll auf und sandte die Akten an das Prozeßgericht

A ließ hierauf dem B und der N einen Schriftsatz folgenden Inhalts zustellen:

In Erwägung,

daß die Ehefrau des Klägers ausweislich ihrer anliegenden Erklärung nunmehr bereit ist, Zeugnis in der Streitsache abzugeben, daß dem Kläger erst jetzt ein neuer Zeuge für die zum Beweise ausgesetzten Thatsachen in der Person des O bekannt geworden ist, daß die Zeugnisweigerung der Ehefrau N unberechtigt ist,

beantrage ich:

1. die Vernehmung des O und der M als Zeugen über die im Beweisbeschlusse bezeichneten Thatsachen anzuordnen,
2. die Zeugnisweigerung der N für ungerechtfertigt zu erklären und
3. um Vernehmung der drei Zeugen das Amtsgericht X zu ersuchen.

In dem zur Verhandlung über diesen Antrag bestimmten Termine erschienen die Anwälte des A und B. Der erstere wiederholte obigen Antrag, der letztere stellte die Bitte:

die Anträge des A als unzulässig, eventuell als unbegründet abzuweisen.

Das Prozeßgericht erließ eine „Beschluß" überschriebene Entscheidung im Sinne des klägerischen Antrags.

Ist das Verfahren und die Entscheidung des Prozeßgerichts gerechtfertigt?

Stehen gegen die letztere dem B und der N Rechtsmittel zu?

Gesetzt, die zulässigen Rechtsmittel würden eingelegt, wie hat die Entscheidung der oberen Instanz zu lauten?

3. AB, ein im Auslande wohnender deutscher Staatsangehöriger, erhob bei dem Gerichte seines Wohnsitzes gegen seine Ehefrau CB, welche mit dem einen der beiden aus der Ehe entsprossenen Kinder getrennt von ihm lebte, zwei Klagen, die eine auf Trennung der Ehe dem Bande nach, die zweite auf Herausgabe jenes Kindes, und erwirkte zwei Urteile.

Durch das eine Urteil wurde

a) unter Kostenvergleichung die Ehe dem Bande nach getrennt, durch das andere

b) die Beklagte für schuldig erklärt, das fragliche Kind an den Kläger herauszugeben und die Kosten zu tragen.

Nach Rechtskraft dieser Urteile begab sich CB mit ihrem Kinde nach München.

AB erhob nunmehr bei dem Landgerichte München I gegen CB Klage mit dem Antrage, die beiden Urteile für vollstreckbar zu erklären.

Der Anwalt der CB hält eine Vollstreckbarkeitserklärung gegenüber dem ersten der Urteile (a) für unzulässig und stellt gegenüber der Klage auf Vollstreckbarkeitserklärung des zweiten Urteils (b) Widerklage auf Herausgabe des Kindes, welches sich bisher bei AB befunden hat.

Der Anwalt des AB erklärt die Widerklage für unzulässig und beharrt auf seinen Klagsanträgen.

Wie hat das Gericht zu entscheiden, wenn es

a. zur Ueberzeugung gelangt, daß in dem Staate, in welchem AB wohnt, zwar die Urteile deutscher Gerichte nicht ohne vorgängige Prüfung der Sache für vollstreckbar erklärt werden, daß jedoch Urteile in Statussachen, sowie in Ehescheidungssachen ohne jede weitere Prüfung als rechtsbeständig anerkannt werden und wenn es

b. den Anspruch der Ehefrau auf Herausgabe des Kindes für sachlich gerechtfertigt findet?

Neben den Reichsgesetzen und für ganz Bayern gemeinsamen Gesetzen haben die Kandidaten, welche die Prüfung in den Landesteilen rechts des Rheins ablegen, die für das rechtsrheinische Bayern geltenden Gesetze sowie das Gemeine Recht mit den für das ganze Gebiet desselben in Bayern geltenden Landesgesetzen, die Kandidaten, welche die Prüfung in der Pfalz ablegen, das dort geltende Landesrecht anzuwenden. Die Entscheidungen sind zu begründen.

I. Aufgabe
aus dem Strafrechte.

1. Der Jagdberechtigte A ertappte am Neujahrstage nachmittags 4 Uhr in einer zu seinem Jagdrevier gehörigen Waldung den Söldner B, einen oft bestraften Wilderer, beim Legen einer Rehschlinge. Um einer Anzeige wegen unberechtigter Jagdausübung zu entgehen, beschloß B die Tötung des A. Er entfernte sich daher scheinbar bestürzt aus dem Walde, kehrte aber auf einem Umweg wieder in denselben zurück, versteckte sich in der Nähe des Weges, den A regelmäßig benützte, hinter einen Baum, versetzte dem A, als dieser einige Minuten darnach gegen $^1/_2$5 Uhr an der Stelle vorbeikam, von rückwärts mit seinem Stock einen wuchtigen Schlag über den Kopf und, als A betäubt neben dem Wege niedergesunken war, auch noch mit seinem im Griffe feststehenden Messer einen kräftigen Stich in die Brust und ergriff hierauf, da er in der Nähe Schritte hörte, in der Überzeugung, den A getötet zu haben, die Flucht.

Kurz darauf, als es bereits ziemlich dunkel geworden war, kam zufällig der Dienstknecht C an die Stelle, welchen A tags zuvor nach einem heftigen Auftritt wegen Unbotmäßigkeit aus dem Dienste entlassen hatte. Derselbe bemerkte die Verwundung des A nicht, glaubte vielmehr, daß A berauscht auf dem Heimweg vom Wirtshaus hier eingeschlafen sei, faßte nun, von Haß gegen A erfüllt, sofort ebenfalls den Entschluß, denselben zu töten, und versetzte ihm zu diesem Zweck mit seinem griffesten Messer einen kräftigen Stich in den Unterleib, worauf er sich, überzeugt, seine Absicht erreicht zu haben, entfernte.

Am nächsten Morgen wurde A am Orte der That als Leiche aufgefunden. Die Untersuchung ergab, daß keiner der beiden Stiche — von welchen, ohne daß B und C es wußten, der eine durch die Brieftasche, der andere durch die Uhr des A eine Abschwächung erfahren hatte, — für sich allein tötlich gewesen wäre, daß vielmehr die beiden Stiche nur in ihrem zeitlichen Zusammentreffen den Tod des A durch Verblutung herbeigeführt hatten, und daß sie bei der kräftigen Körperbeschaffenheit des A selbst beide vereint jene Wirkung nicht gehabt hätten, wenn A, woran ihn jedoch seine durch den Schlag auf den Kopf hervorgerufene Betäubung hinderte, sich nach dem nahen Dorfe begeben hätte, wo er die erforderliche Hilfe gefunden haben würde. Je für sich allein hätte wahrscheinlich weder das Vorgehen des B, noch jenes des C auch nur einen bleibenden Nachteil an der Gesundheit des A zur Folge gehabt.

1. Wie sind die Handlungen des B und des C strafrechtlich zu qualifizieren?
2. Welchen Einfluß würde es etwa für die Beurteilung haben, wenn C, nachdem er bereits zu dem tötlichen Stiche ausgeholt, plötzlich an der Kleidung des A Blut wahrgenommen und nun bei näherer Besichtigung geglaubt hätte, daß er eine Leiche vor sich habe, gleichwohl aber in seinem Hasse gegen den vermeintlichen

Toten demselben noch den Stich in den Unterleib versetzt hätte?

2. Der Bauer D, Eigentümer eines Einödhofes, schickte an einem Winterabend seine Dienstmagd E vom Wohnhause hinweg in den 30 Schritte von demselben entfernten Holzschupfen, um einige Scheiter Holz zum Einschüren zu holen. Da die E, welche eben erst in den Dienst getreten war, bei der in dem Schupfen herrschenden Unordnung dem Auftrage nicht nachkommen konnte, ohne sich eines Lichtes zu bedienen, die einzige vorhandene Laterne aber eben zerbrochen war und außerdem nur ein offenes Talglicht zur Verfügung stand, so machte sie ihren Dienstherrn aufmerksam, daß das Betreten des Schupfens mit unverwahrtem Licht gefährlich sei. D wiederholte jedoch seinen Auftrag, indem er bemerkte, wenn der Schupfen niederbrenne, so sei das seine Sache, sie solle nur Acht geben, dann passiere nichts. E folgte nunmehr, hatte aber kaum den Schupfen betreten, als ein Windstoß durch eine Fuge der Wand das Licht auslöschte und ein wegfliegender Funke auf dem Boden liegendes dürres Reisig entzündete. Da E augenblicklich Lärm machte, so wäre sicher das Feuer im Entstehen unterdrückt worden, wenn ein Schlauch, den D für den Fall eines Brandes angeschafft hatte und welcher sich an einer durch das Anwesen gehenden Wasserleitung von starkem Drucke anschrauben ließ, benützbar gewesen wäre, oder wenn wenigstens die Bewohner des Anwesens sofort mit vereinten Kräften das Feuer bekämpft hätten. Zu seinem Schrecken bemerkte jedoch D, daß der Schlauch zerschnitten war. Der Knecht F, welcher infolge Kündigung am nächsten Tag den Dienst bei D verlassen sollte, hatte aus Bosheit ein paar Stunden vor Ausbruch des Feuers den Schlauch unbrauchbar gemacht, und es weigerte sich derselbe nunmehr auch, an dem Rettungswerke teilzunehmen. Selbst als ihm die für das Wohnhaus bestehende Gefahr vorgehalten wurde, erwiderte er nun höhnisch, ihn freue es, wenn Alles niederbrenne. Es wurde denn auch nicht blos der Holzschupfen ein Raub der Flammen, sondern

auch das Wohnhaus durch brennende Holzstücke, welche der Wind dahin trug, in Brand gesetzt und bis auf den Grund vernichtet. Sogar zwei Menschenleben fielen zum Opfer, indem ein Handwerksbursche, welcher, ohne daß die Bewohner des Anwesens dies wußten, den Schupfen als Nachtquartier gewählt hatte und offenbar im Schlafe vom Feuer überrascht worden war, am nächsten Morgen als verkohlter Leichnam aufgefunden wurde, ferner ein Hüterbub, welcher im Dachraume des Wohnhauses seine Schlafstätte hatte und auf den Feuerruf der E gleich allen übrigen Bewohnern des Anwesens aus dem Hause geeilt, später aber, nachdem sich der Brand bereits auf das Wohnhaus erstreckt hatte, nochmals dorthin zurückgekehrt war, um die ihm gehörigen Kleidungsstücke zu retten, in den Flammen umkam.

1. Sind D, E und F (sämtlich bereits über 18 Jahre alt) strafbar, wenn ja, auf Grund welcher gesetzlicher Bestimmungen, und welche Strafen treffen sie im Höchst- und Mindestbetrag?
2. Welchen Einfluß würde es etwa auf die Strafbarkeit des D ausüben, wenn derselbe, als er der E den Auftrag gab, mit offenem Licht in den Schupfen zu gehen, dies mit dem Wunsche und in der Hoffnung gethan hätte, hiedurch einen Brand zu verursachen und die Versicherungssumme für sein bedeutend überschätztes Inventar zu gewinnen?
3. Welchen Einfluß würde es etwa auf die Strafbarkeit des D ausüben, wenn derselbe jenen Wunsch und jene Hoffnung nicht schon bei Erteilung des Auftrages an die E gehegt, wohl aber bei dem ersten Feuerlärm gefaßt und dann, um das Löschen zu erschweren, selbst den für Löschzwecke angeschafften Schlauch heimlich zerschnitten hätte?

Die Entscheidungen sind zu begründen?

II. Aufgabe
aus dem Strafrechte.

1. In R war für die Benützung der „Neuen Brücke“ in der Richtung von R nach dem gegenüberliegenden Flußufer ein Zoll zu entrichten, welcher von 2 Pfennig für Fußgänger (ausgenommen Kinder unter 10 Jahren, die keinen Zoll zu entrichten hatten) bis zu 20 Pfennig für schweres Lastfuhrwerk anstieg. Für jeden einzelnen Betrag gab es eigene Quittungsmarken, Papierzettelchen von gleicher Größe, aber verschiedener Farbe mit nachstehendem Aufdruck und für jede Sorte selbständig fortlaufender Ziffer:

Quittung über (folgt der Pfennigbetrag)
Brückenzoll der Gemeinde R.
№ (fortlaufende Ziffer.)
Diese Marke ist bis zum Verlassen der Brücke aufzubewahren u. auf Verlangen vorzuzeigen.

An dem der Ortschaft R zugekehrten Ende der Brücke befand sich ein Schalter, wo vor dem Betreten der Brücke der Zoll an den Kassier gegen Verabfolgung der entsprechenden Quittungsmarke zu bezahlen war. Am anderen Ende der Brücke war ein Kontroleur stationiert, welcher sowohl zur Hintanhaltung von Brückenzollhinterziehungen seitens des Publikums, als zur Überwachung des Kassiers die abgebenen Marken zu besichtigen und durch Zerreissen in zwei Teile für wiederholte Benützung unbrauchbar zu machen hatte. Jeden Abend hatte ein Gemeindebeamter sich bei dem Kassier über die Zahl der abgegebenen Marken jeder Gattung zu unterrichten und die hiernach sich berechnende Zolleinnahme für die Gemeinde in Empfang zu nehmen. Da die Marken jeder Gattung nach der Reihe der fortlaufenden Nummern abzugeben waren, so mußte die von je einem Abend zum folgenden abgegebene Zahl der Marken jeder Gattung mit der Ziffer übereinstimmen, um welche sich die fortlaufende Nummer jeder einzelnen Sorte gegenüber dem Vorabend erhöht hatte.

Der Gemeindebeamte Kassier A benützte nun den Umstand, daß der Gemeindebeamte Kontroleur B, welcher an hochgradiger Kurzsichtigkeit litt und ihm unbedingtes Vertrauen schenkte, seiner Aufgabe in sehr lässiger Weise nachkam, insbesondere nur auf die Farbe der ihm vorgewiesenen Marken zu achten pflegte und dieselben in der Regel ohne weitere Besichtigung zerriß, auch an verkehrsreichen Tagen sich die Marken von Fußgängern meist gar nicht vorzeigen ließ, zur Begehung verschiedener Pflichtwidrigkeiten, indem er zur Erlangung eines unberechtigten Vorteils:

1. die von den Besitzern nach Überschreitung der Brücke weggeworfenen Zettelchen, soweit sie unversehrt und nicht beschmutzt oder zerknittert waren, durch seinen sechsjährigen Knaben sammeln ließ und neuerdings als Quittungsmarken verwendete;
2. von seinem Knaben mit den unversehrten Marken zufällig auch überbrachte Hälften bei der Kontrole entzweigerissener und nach dem Verlassen der Brücke von dem Besitzer weggeworfener Quittungsmarken höheren Betrags, wenn sie im übrigen unbeschädigt und nicht beschmutzt oder zerknittert waren, in geschickter, bei oberflächlicher Betrachtung nicht erkennbarer Weise zusammenklebte und die auf solche Weise wiederhergestellten Marken neuerdings verausgabte;
3. eine Anzahl auf weißes Papier gedruckter 2-Pfennig-Marken gelb färbte und dann als 20-Pfennig-Marken (welche auf gelbes Papier gedruckt waren) benützte;
4. Kinder unter 10 Jahren, welche sich zur Entrichtung des Brückenzolles am Schalter einfanden, trotz Kenntnis von deren Alter nicht aufklärte, daß sie keinen Zoll zu entrichten hatten, vielmehr den Zoll von denselben annahm, ihnen aber mit dem Bemerken, sie bräuchten keine Marke, eine solche nicht verabfolgte.

Die gemäß Ziffer 1 bis 4 eingenommenen Gelder behielt A unter Verschweigung der Umstände, unter welchen er sie erlangt hatte, für sich.

Wie sind die einzelnen Gruppen der Handlungen des A strafrechtlich zu beurteilen?

2. Um seinen Arbeitern einen billigen Bezug ihrer Lebensmittel und sonstigen Haushaltungsbedürfnisse zu ermöglichen, errichtete G, Besitzer einer großen Maschinenfabrik, auf dem Areal der Fabrik Verkaufsstellen, welche er samt der erforderlichen Geschäftseinrichtung an verschiedene Gewerbetreibende verpachtete. Letztere durften von diesen Verkaufsstellen aus nur an Arbeiter des G Waren abgeben und mußten hiebei einen von G gebilligten mäßigen Tarif einhalten, welcher ihnen indes immer noch ausreichenden Gewinn sicherte, ferner im Falle der Barzahlung einen Rabatt von 10% des Preises gewähren. Dafür hatten die Pächter einen gegenüber dem ortsüblichen Pachtzins etwas niedrigeren Zins zu entrichten und wurde denselben überdies bis zum vollen Betrag des letzteren der je im Laufe eines Monats gewährte Rabatt in Anrechnung gebracht. Zur Durchführung der Einrichtung gab G auf 10 und 50 Pfennig lautende Blechmarken aus, welche die Arbeiter bei Barzahlung an Stelle des Geldes zu verwenden, die Pächter aber monatlich bei der Fabrikkasse in Geld umzutauschen hatten und von deren jeweilig zur Einlösung gelangten Beträgen ein Neuntel an dem Pachtzins in Anrechnung gebracht wurde. Die Arbeiter konnten die Marken bei der Fabrikkasse gegen Bargeld erhalten oder sich ihren Wochenlohn ganz oder teilweise in Marken ausbezahlen lassen; Vorschüsse auf den nächstfälligen Wochenlohn wurden, um die Arbeiter von leichtfertigen Ausgaben abzuhalten, überhaupt nur in Marken und nur bis zur Höhe eines Taglohnes gewährt. Soweit die auf eine der vorstehenden Arten erworbenen Marken nicht zur Verwendung gelangten, konnten dieselben gelegentlich der nächsten Lohnzahlung in Geld umgetauscht werden; dagegen war den Arbeitern verboten, die Marken an andere Personen als an

Arbeiter der Fabrik abzutreten. Ein Zwang, bei den erwähnten Gewerbetreibenden einzukaufen, bestand für die Arbeiter nicht.

Bier wurde den Arbeitern des G und auch nur diesen auf Verlangen in einer auf Rechnung des G betriebenen, ebenfalls auf dem Fabrikareal befindlichen Schänke gegen sofortige Bezahlung in barer Münze oder in den erwähnten Marken, der Liter zu 17 Pfennig, verabfolgt. G erhielt das Bier aus der Brauerei zum Preise von 16 Pfennig für den Liter in die Fabrik geliefert; mit dem Aufschlag von 1 Pfennig wurden die Auslagen des G für Geschirr und Bedienung gedeckt, wogegen G das Schanklokal samt der nötigen Einrichtung sowie die Feuerung und Beleuchtung desselben unentgeltlich zur Verfügung stellte.

Obwohl die Arbeiter mit obigen seit 1. Oktober 1891 bestehenden Einrichtungen vollkommen zufrieden waren, wurde dennoch gegen G öffentliche Klage wegen Verletzung der Bestimmungen nach § 115 der Gewerbeordnung erhoben, weil den Arbeitern ihr Lohn teilweise in Marken bezahlt, ferner Lebensmittel zu einem höheren Preise als dem Betrag der Anschaffungskosten abgegeben, endlich in den „Verkaufsstellen" auch Waren kreditiert worden seien. G hält sich für nichtschuldig.

Ist die Klage gerechtfertigt?

Die Entscheidungen sind zu begründen.

I. Aufgabe
aus dem Strafprozeßrechte.

1. Welche Funktionen weist das Gesetz in den zur Zuständigkeit der Landgerichte und Schwurgerichte gehörigen Strafsachen im Verfahren zur Vorbereitung der Hauptverhandlung (Buch II, Abschnitt 5 der Reichs-Strafprozeß-

ordnung) sowie in der Hauptverhandlung selbst — einschlüssig der Vernehmung des Angeklagten und der Beweisaufnahme — bezüglich der Leitung der Verhandlung, der Handhabung der Sitzungspolizei und der Durchführung des Grundsatzes der Oeffentlichkeit dem Vorsitzenden, welche dem Gerichte zu? Welche Mittel stehen den Beteiligten zu gebote, um die Aufhebung oder Abänderung derartiger vom Vorsitzenden oder vom Gerichte getroffenen Verfügungen und gefaßter Beschlüsse zu bewirken?

2. Eine am Sitze des Landgerichts Fürth täglich erscheinende Zeitung enthielt in der am 10. August 1891 ausgegebenen Nummer einen Artikel, durch dessen Inhalt der Thatbestand eines Vergehens wider die öffentliche Ordnung nach § 131 des Reichs-Strafgesetzbuchs gegeben erschien. Der Staatsanwalt bei dem Landgerichte Fürth veranlaßte die alsbald richterlich bestätigte Beschlagnahme der dem Zugriffe noch zugänglichen, insbesondere der noch in der Druckerei und im Expeditionslokale der Zeitung vorgefundenen Exemplare der fraglichen Nummer und erhob öffentliche Klage gegen A, den verantwortlichen Redakteur der Zeitung, und später auch gegen B, in Bezug auf welchen die Untersuchung dringende Verdachtsgründe zutage gefördert hatte, daß er der Verfasser und Einsender des strafbaren Artikels sei. Durch Beschluß der Strafkammer des Landgerichts Fürth vom 10. September 1891 war gegen A und B als Mitthäter zu dem durch Verbreitung des fraglichen Artikels begangenen Vergehen wider die öffentliche Ordnung nach § 131 R.-St.-G.-B. das Hauptverfahren vor dem Schwurgerichte bei dem Landgerichte Nürnberg eröffnet und von dem Vorsitzenden des Schwurgerichts bereits Termin zur Hauptverhandlung auf den 5. Dezember 1891 anberaumt worden. Da gelangten am 21. und 25. November zwei Anzeigen in den Gerichtseinlauf, von denen die erstere die Nachricht von dem am 18. November infolge eines Schlaganfalles eingetretenen Tode des Redakteurs A enthielt, während sich aus der anderen ergab, daß dem Mitangeklagten B die Ladung zur Haupt-

verhandlung nicht zugestellt werden konnte, weil derselbe nach erlangter Kenntnis von der gegen ihn verfügten Eröffnung des Hauptverfahrens, um sich der weiteren gerichtlichen Verfolgung zu entziehen, unter Mitnahme seiner Habe Fürth verlassen und sich zu dauerndem Aufenthalte nach Genf in der Schweiz begeben habe, daß er aber in Fürth noch einen Bauplatz, Plannummer **1003**$^1/_4$, besitze, dessen Veräußerung ihm bisher nicht gelungen sei. Ueber die Richtigkeit des Inhalts dieser Anzeigen besteht kein Zweifel.

Welche prozessualen Maßnahmen seitens des Gerichts und der Staatsanwaltschaft sind bei dieser Lage der Sache noch geboten oder zulässig! Welches Gericht und welcher Staatsanwalt ist für diese Maßnahmen zuständig?

3. Am 3. Juni 1891 lief bei dem Amtsanwalte am Amtsgerichte X eine Gendarmerieanzeige ein des Inhalts, daß der 17jährige ledige Maurerlehrling Johann Hintermüller von X, Sohn des Maurers Michael Hintermüller, am 1. Juni 1891 nachts 11 Uhr von dem Anzeiger betroffen worden sei, wie er in der Ngasse zu X durch überlautes Schreien und Johlen ruhestörenden Lärm verübt habe. Auf Antrag des Amtsanwalts erließ der Amtsrichter zu X am 8. Juni gegen den in dieser Anzeige Beschuldigten einen Strafbefehl, welcher wegen einer Uebertretung der Ruhestörung Haftstrafe von einer Woche unter Verurteilung in die Kosten festsetzte. Dieser Strafbefehl lautete jedoch infolge Verwechselung der Vornamen des Beschuldigten und seines Vaters auf den Maurerlehrling Michael Hintermüller und die Zustellung erfolgte am 12. Juni 1891 in der Wohnung des auch in der Zustellungsurkunde irrtümlich Michael Hintermüller genannten Johann Hintermüller und zwar in dessen Abwesenheit an seine Mutter Anna Hintermüller. Einspruch wurde nicht erhoben. Nachdem am 6. Juli 1891 dem Maurerlehrling Michael Hintermüller — ebenfalls im Wege der Ersatzzustellung an seine Mutter — die Ladung zum Strafantritt zugestellt worden war, brachte wenige Tage später der Maurer Michael Hintermüller zu Protokoll des Amts-

anwalts die Bitte an, es möge seinem Sohne Johann Strafaufschub bis Allerheiligen bewilligt werden, weil derselbe jetzt als Taglöhner im Baugewerbe Gelegenheit zu gutem Verdienst habe und damit zur Ernährung der Familie beitragen könne. Dem Gesuche wurde durch Bewilligung von Strafaufschub bis 1. Oktober 1891 willfahrt.

Johann Hintermüller war inzwischen in Y, welches gleichfalls Sitz eines Amtsgerichts ist, in ständige Arbeit getreten. Am 10. November 1891 wurde ihm dort unter seinem richtigen Vornamen — die Namensverwechselung in den früheren gerichtlichen Verfügungen war mittlerweile entdeckt worden — neuerdings, diesmal persönlich, die Vorladung zu den binnen 3 Tagen im Amtsgerichtsgefängnisse zu Y zu bethätigenden Antritt der ihn durch Strafbefehl des Amtsgerichts X vom 8. Juni 1891 wegen einer Uebertretung der Ruhestörung auferlegten Haftstrafe von einer Woche zugestellt. Johann Hintermüller erschien am folgenden Tage auf der Gerichtsschreiberei des Amtsgerichts Y und erklärte zu Protokoll, daß er von einem durch das Amtsgericht X am 8. Juni 1891 gegen ihn wegen Ruhestörung erlassenen Strafbefehl nichts wisse und sich gegen die Vorladung zum Strafantritte beschwere.

Welche Behörde ist zur Bescheidung dieser Beschwerde zuständig und wie ist zu entscheiden? Ist gegen die Entscheidung ein Rechtsmittel zulässig? welches und an welche Behörde?

Gab es nach Ablauf der dem Johann Hintermüller bewilligten Strafaufschubsfrist noch einen Weg, das bei Ausfertigung des Strafbefehls vom 8. Juni 1891 unterlaufene Versehen wieder gutzumachen? —

Die Beantwortungen der Fragen 2 und 3 sind unter Anführung der einschlägigen Gesetzesstellen zu begründen.

II. Aufgabe
aus dem Strafprozeßrechte.

1. Worin bestehen die wesentlichen Unterschiede des Verfahrens auf erhobene Privatklage gegenüber dem Verfahren auf erhobene öffentliche Klage? Welche Befugnisse und Verpflichtungen hat im Privatklageverfahren die Staatsanwaltschaft? (Bei Beantwortung des zweiten Fragesatzes ist insbesondere der Fall der ausdrücklichen oder gemäß § 431 der Reichs-Strafprozeßordnung fingierten Zurücknahme der Privatklage zu berücksichtigen.)

2. A In der schwurgerichtlichen Hauptverhandlung gegen die ledige Anna A wegen Kindstötung und gegen deren Mutter Marie A wegen Beihilfe zu einem Verbrechen des Mordes wurden den Geschworenen folgende Fragen vorgelegt:

Frage I.

Ist die Angeklagte Anna A schuldig, das von ihr am 10. Februar 1891 unehelich geborene Kind in oder gleich nach der Geburt vorsätzlich getötet zu haben?

Frage II.

Sind bezüglich der in Frage I bezeichneten That mildernde Umstände vorhanden?

Frage III.

Ist die Mitangeklagte Marie A schuldig, der Anna A. vorheriger Verabredung gemäß zur Begehung der in Frage I bezeichneten, vorsätzlich und mit Ueberlegung ausgeführten That durch Rat oder That wissentlich Hilfe geleistet zu haben?

Der Spruch der Geschworenen lautete:

Zu Frage I: Ja mit sieben gegen fünf Stimmen, welche letzteren sich dahin erklärten, daß sich Anna A bei Begehung der That in einem die freie Willensbestimmung ausschließenden Zustande von Bewußtlosigkeit befunden habe.

Zu Frage II: Ja.

Zu Frage III: Ja mit mehr als sieben Stimmen.

Das Gericht beschloß die Einleitung des Berichtigungsverfahrens. Die Geschworenen begaben sich in ihr Beratungszimmer zurück und nach ihrer Rückkehr verlas der Obmann den früheren Wahrspruch mit der demselben schriftlich beigesetzten, von ihm unterschriebenen Erklärung, daß sich die Geschworenen über einen anderen Spruch nicht hätten einigen können. Durch Urteil des Schwurgerichts wurde daraufhin Anna A. von der erhobenen Anklage freigesprochen, Marie A. aber wegen Beihilfe zu einem Verbrechen des Mordes zu 3 Jahren Zuchthaus verurteilt. Marie A. legt Revision ein und begründet sie, den § 49 des Reichs-Strafgesetzbuchs als verletzt bezeichnend, mit dem Hinweis auf den logischen Widerspruch zwischen der Freisprechung der Thäterin und der Schuldigsprechung der Gehilfin.

Wie hat das Revisionsgericht zu entscheiden?

2. B. Wie hätte die Entscheidung des Revisionsgerichts im folgenden Falle zu lauten:

In der schwurgerichtlichen Hauptverhandlung gegen die ledige Dienstmagd Elise B wegen Meineids und gegen den Bauern Michael C wegen Anstiftung hiezu wurden den Geschworenen folgende Fragen vorgelegt.

Frage I.

Ist die am 10. Juli 1875 geborene Elise B schuldig, bei ihrer in dem Strafverfahren gegen den Bauern Michael C wegen Körperverletzung in der Sitzung des Schöffengerichts bei dem Amtsgerichte X am 20. August 1891 erfolgten zeugschaftlichen Vernehmung den vor dieser Vernehmung geleisteten Eid wissentlich durch ein falsches Zeugnis verletzt zu haben?

Frage II.

Hat Elise B bei Begehung der in Frage I bezeichneten That die zur Erkenntnis von deren Strafbarkeit erforderliche Einsicht besessen?

Frage III.

Ist der Bauer Michael C schuldig, die Elise B zu der in Frage I bezeichneten That durch Geschenke und Versprechen, durch Drohung und andere Mittel vorsätzlich bestimmt zu haben?

Der Spruch der Geschworenen lautete:

Zu Frage I: Ja mit mehr als sieben Stimmen.

zu Frage II: Nein.

zu Frage III: Ja mit mehr als sieben Stimmen.

Ein Berichtigungsverfahren wurde nicht angeordnet. Das Urteil des Schwurgerichts erkannte gegen Elise B auf Freisprechung, gegen Michael C auf Zuchthausstrafe von zwei Jahren wegen Anstiftung zu einem Verbrechen des Meineids. Michael C meldet die Rivision an und begründet dieselbe, den § 48 des Reichs-Strafgesetzbuches als verletzt bezeichnend, mit dem Hinweis auf den logischen Widerspruch zwischen der Freisprechung der Thäterin und der Schuldigsprechung des Anstifters.

3. Bei dem Militär-Untersuchungsrichter zu Würzburg ist Untersuchung wegen Zweikampfs gegen den in Würzburg garnisonierenden Lieutenant D anhängig. Der Untersuchungsrichter hatte den Universitätsstudenten E in Würzburg, welcher nach der das Strafverfahren gegen Lieutenant D veranlassenden Anzeige dessen Gegner bei dem Zweikampfe gewesen sein sollte, zur zeugschaftlichen Vernehmung in dieser Untersuchungssache vor sich laden lassen, E hat auch der Ladung Folge geleistet, aber gleich zu Beginn seiner Vernehmung erklärt, daß er in dieser Sache jede Zeugschaft verweigere, und ist trotz eindringlichen Hinweis auf die Folgen dieser nach Anschauung des Militär-Untersuchungsrichters in solcher Allgemeinheit ungesetzlichen Weigerung auf letzterer stehen geblieben. Der Militär-Untersuchungsrichter stellte nun an das Amtsgericht Würzburg unter Bezugnahme auf Artikel 111a der Militär-Strafgerichtsordnung (vgl. Art. 81 des Ausführungsgesetzes zur Reichs-Strafprozeßordnung) und auf Artikel 77 des Ausführungs-

gesetzes zum Reichs-Gerichtsverfassungsgesetze das schriftliche Ersuchen, gegen den Studenten E wegen ungesetzlicher Zeugnisverweigerung mit Strafe einzuschreiten. Das genannte Amtsgericht lehnte jedoch diesen Antrag unter Bezugnahme auf § 54 der Reichs-Strafprozeßordnung und § 159 Abs. 2 des Reichs-Gerichtsverfassungsgesetzes ab. Gegen diesen amtsgerichtlichen Bescheid wendete sich der Militär-Untersuchungsrichter mit Beschwerde an das Landgericht Würzburg. Dieses sprach mit Beschluß der Strafkammer unter Hinweis auf § 160 des Reichs-Gerichtsverfassungsgesetzes seine Unzuständigkeit aus.

Ist diese Anschauung der Strafkammer richtig?

Kann der Militär-Untersuchungsrichter gegen den Strafkammerbeschluß Beschwerde erheben und welches Gericht wäre zur Entscheidung dieser zweiten Beschwerde zuständig?

Die Beantwortungen der Fragen 2 A und B, dann 3 sind unter Anführung der einschlägigen Gesetzesstellen zu begründen.

Praktischer Fall
aus dem Justizfache.

Die Kandidaten haben die auf Grund der mündlichen Verhandlung vom 30. November 1891 zu erlassende Entscheidung nach Maßgabe der in der Zivilprozeßordnung enthaltenen Vorschriften auszuarbeiten; die Darstellung des Thatbestandes kann unterbleiben. In den Entscheidungsgründen sind die sämtlichen in den mündlichen Vorträgen geltend gemachten Gesichtspunkte zu würdigen.

Neben den Reichsgesetzen ist das Gemeine Recht mit den für dessen ganzes Gebiet in Bayern geltenden Landesgesetzen anzuwenden.

Der zur Rechtsanwaltschaft bei dem Königlichen Landgerichte Frankenau zugelassene Rechtsanwalt Wendel erhob als Bevollmächtigter des Gutsbesitzers Karl Groß zu Frankenau gegen den Privatmann Friedrich Helmer zu Hochfeld eine an das Königliche Landgericht Frankenau gerichtete Klage.

Auf Einreichung der Klageschrift bei der Gerichtsschreiberei des Prozeßgerichts wurde zur mündlichen Verhandlung des Rechtsstreits Termin auf den 30. November 1891 vormittags neun Uhr vor der ersten Zivilkammer des Landgerichts bestimmt.

Der Beklagte, dem die Klageschrift am 24. Oktober 1891 zugestellt wurde, bestellte als Prozeßbevollmächtigten den zur Rechtsanwaltschaft bei dem Prozeßgericht zugelassenen Rechtsanwalt Pusch.

Die Anwälte der Parteien wechselten die erforderlichen vorbereitenden Schriftsätze.

Die erste Zivilkammer des Prozeßgerichts war in der zur mündlichen Verhandlung des Rechtsstreits bestimmten Sitzung mit folgenden Richtern besetzt: Landgerichtspräsident Erdmann, Landgerichtsräte Schröder und Jäger. Als Gerichtsschreiber leistete Dienst der geprüfte Rechtspraktikant Dittmar.

Bei dem Aufrufe der Sache waren die Rechtsanwälte Wendel und Pusch erschienen. Der Vorsitzende eröffnete die mündliche Verhandlung. Es verlas hierauf der Rechtsanwalt Wendel aus der Klageschrift den Antrag:

> „Das Königliche Landgericht wolle das auf Betreiben des Beklagten gegen den Kläger eingeleitete Vollstreckungsverfahren aufheben und den von dem Königlichen Amtsgerichte Frankenau angefertigten Teilungsplan dahin ändern, daß der gesamte Versteigerungserlös dem Kläger zugeteilt wird, ferner die Kosten des Vollstreckungsverfahrens und dieses Rechtsstreites dem Beklagten auferlegen,"

sodann der Rechtsanwalt Pusch aus der Klagebeantwortungsschrift den Antrag:

„Das Königliche Landgericht wolle die Klage abweisen und den Kläger zur Tragung der Kosten des Rechtsstreites verurteilen.“

Der Vorsitzende erteilte hierauf das Wort dem Rechtsanwalt Wendel. Dieser trug folgendes vor:

„Im Auftrage des Privatmanns Friedrich Helmer pfändete am 4. August d. Js. der Gerichtsvollzieher Schmidt für den Betrag von 2000 ℳ Hauptsache, 80 ℳ Zinsen und 25 ℳ Kosten die in der Wohnung des Gutsbesitzers Karl Groß befindlichen beweglichen Sachen. Am 14. desselben Monats geschah die Versteigerung der gepfändeten Sachen, der Erlös betrug 1960 ℳ. Weil die Sachen auch für einen anderen Gläubiger gepfändet waren und dieser sich über die Verteilung des Erlöses mit Friedrich Helmer nicht einigte, hinterlegte der Gerichtsvollzieher den Erlös bei dem hiesigen Amtsgerichte. In dem von diesem angefertigten Verteilungsplane wurde der nach Abzug der Kosten des Verfahrens zur Teilung verfügbar bleibende Betrag von 1938 ℳ dem Friedrich Helmer zugewiesen. Karl Groß erhob in dem zur Erklärung über den Teilungsplan sowie zur Ausführung der Verteilung auf den 12. September d. Js. anberaumten Termin Widerspruch gegen den Plan und das Amtsgericht unterließ hierauf dessen Ausführung.

Die Klage bezweckt die Herbeiführung der Entscheidung über den Widerspruch. Diese kann, nachdem der beteiligt gewesene andere Gläubiger seine Ansprüche auf den Erlös nicht mehr weiter verfolgt, nur dahin ausfallen, daß der gesamte Erlös dem Kläger auszuhändigen sei, denn der Beklagte hat kein Recht darauf.

Die Urkunde, auf Grund deren der Gerichtsvollzieher die Pfändung vorgenommen hat, ist eine Notariatsurkunde folgenden Wortlauts:

„„Abschrift.

„Heute, den 17. März 1887, erschien vor mir, dem Königlichen Notar Max Gerstner zu Frankenau, der mir nach Name, Stand und Wohnort bekannte Anwesensbesitzer

Konrad Lindner von Frankenau und ersuchte mich um Beurkundung folgender Erklärung:

Ich bekenne, von dem Privatmanne Friedrich Helmer zu Hochfeld ein Darlehen von zweitausend Mark empfangen zu haben, und verpflichte mich, die Schuld vom 1. April 1887 an mit jährlich vier vom Hundert zu verzinsen, die Zinsen in halbjährigen Beträgen je am 1. Oktober und 1. April zu entrichten und nach Ablauf eines halben Jahres nach der Kündigung, die sowohl dem Darleiher als mir freistehen soll, das Darlehen zurückzubezahlen. Zur Sicherung der Ansprüche des Gläubigers auf Hauptsache, Zinsen und Ersatz etwaiger Kosten bestelle ich ihm eine Hyopthek zu zweitausend Mark nebst einer hypothekarischen Kaution zu zweihundert Mark auf meinem Anwesen, Haus-Nr. 39 an der Ottostraße zu Frankenau. Ich beantrage die Eintragung im Hypothekenbuche und übernehme die Kosten.

Hierüber habe ich diese Urkunde errichtet, die Herr Konrad Lindner, nachdem ich sie ihm vorgelesen hatte, genehmigt und mit mir unterzeichnet hat.

Konrad Lindner

(L. S.) Max Gerstner, K. Notar.

Die Hypothek für das zu 4% verzinsliche Darlehen von zweitausend Mark und die hypothekarische Kaution zu zweihundert Mark sind auf dem für das Anwesen, Haus-Nr. 39 an der Ottostraße zu Frankenau bestehenden Folium des Hypothekenbuchs eingetragen worden.

Frankenau am 18. März 1887.

Königliches Amtsgericht

(L. S.) Hartmann.

Den Gleichlaut vorstehender Abschrift mit der Urschrift bestätigt

Frankenau am 15. Mai 1888.

(Siegel.) Max Gerstner, K. Notar.

Vollstreckbarkeitserklärung.

Vorstehende Ausfertigung wird dem Privatmanne Friedrich Helmer zu Hochfeld zum Zwecke der Zwangsvollstreckung gegen den Gutsbesitzer Karl Groß zu Frankenau erteilt, der in dem mit dem Anwesensbesitzer Konrad Lindner abgeschlossenen, am 1. Oktober 1888 von mir beurkundeten Vertrage über die Eintauschung des Anwesens des letzteren, Haus Nr. 39 an der Ottostraße zu Frankenau, gegen sein Landgut zu Wörth die Schuld aus dem auf dem ersteren hypothekarisch versicherten Darlehen des Friedrich Helmer übernommen und dem dieser durch eine am 26. September 1890 von mir beurkundete Erklärung, deren Ausfertigung laut der mir zur Einsicht vorgelegten Urkunde des K. Gerichtsvollziehers Schmidt vom 27. ds. Mts. dem Schuldner an diesem Tage zugestellt wurde, die Darlehensschuld gekündigt hat.

Frankenau am 20. Juni 1891.

(Siegel) Max Gerstner, K. Notar.""

Es ist mir nicht zweifelhaft, daß es unzulässig war, auf Grund dieser Urkunde die Zwangsvollstreckung gegen den Kläger einzuleiten.

Nach § 662 der Zivilprozeßordnung erfolgt die Zwangsvollstreckung auf Grund einer mit der Vollstreckungsklausel versehenen „Ausfertigung." Die Urkunde, mit der wir es hier zu thun haben, ist aber keine „Ausfertigung" sondern eine „Abschrift". Letztere darf nicht mit der ersteren verwechselt werden, wie in dem Eingange der Vollstreckungsklausel ganz ungehöriger Weise geschehen ist, denn beide sind nach Art. 87 des Notariatsgesetzes sehr verschiedene Dinge. Eine „Abschrift" kann nicht mit der Vollstreckungsklausel versehen werden. Die Erteilung der letzteren durch den Notar war daher schon aus diesem Grunde unzulässig. Sie war aber unzulässig auch deshalb, weil aus Notariatsurkunden die Zwangsvollstreckung überhaupt nur dann stattfindet, wenn sich der Schuldner in der Urkunde der sofortigen Zwangsvollstreckung unterworfen hat. Daß dies in unserem Falle nicht geschehen ist, ergibt der von mir verlesene Wortlaut der Notariatsurkunde vom 17. März 1887. Die Erteilung der Vollstreckungsklausel war endlich drittens unzulässig auch insofern, als sie gegen den Kläger erfolgte. Gegen diesen durfte sie nicht erteilt werden durch Hinzufügung zu einer auf den Inhalt der Notariatsurkunde vom 17. März 1887 beschränkten Ausfertigung. Sie hätte nur erteilt werden können zu einer Ausfertigung, die neben der Urkunde vom 17. März 1887 auch den Tauschvertrag vom 1. Oktober 1888 und die Kündigung umfaßte. Zum mindesten hätten, wie ja in § 671 Abs. 2 der Zivilprozeßordnung ausdrücklich vorgeschrieben ist, auch diese weiteren öffentlichen Urkunden vor Beginn der Zwangsvollstreckung zugestellt sein oder gleichzeitig mit deren Beginn zugestellt werden müssen.

Richtig ist, daß der Kläger in dem am 1. Oktober 1888 abgeschlossenen Tauschvertrage die auf dem eingetauschten Hause hypothekarisch eingetragene Darlehensschuld an den Beklagten zur ferneren Verzinsung und zur Heimzahlung übernommen hat. Diese Thatsache allein ist jedoch nicht geeignet, die Einleitung des Vollstreckungsverfahrens gegen ihn zu rechtfertigen. Der Kläger ist zwar seiner Zeit in den Besitz des Hauses getreten und hat es kurze Zeit besessen, aber er ist nie dessen Eigentümer geworden. Als der Tauschvertrag beurkundet wurde, war, wovon der Kläger damals keine Kenntnis hatte, auf Antrag eines Hypothekgläubigers die Beschlagnahme des Hauses zum Zwecke der Zwangsversteigerung beschlossen und der Beschluß im Hypothekenbuche schon eingetragen. Infolge dessen konnte der Kläger als Eigentümer des Hauses im Hypothekenbuche nicht eingetragen, sondern nur vorgemerkt werden. Der Kläger würde den Tausch natürlich nie eingegangen haben, wenn er von diesem Hindernisse seines Vollzugs-Kenntnis gehabt hätte. Inzwischen ist das Zwangsversteigerungsverfahren, in dem, wie ich nicht bestreiten will, die Hypothekforderung des Beklagten wegen Unzureichendheit des Meistgebotes unbefriedigt blieb, längst durchgeführt, das Haus am 31. Dezember 1890 einem Dritten zugeschlagen und im Hypothekenbuche auf diesen umgeschrieben und die Vormerkung des Eigentums des Klägers gelöscht worden. Von diesem Zeitpunkte an ist eine Zwangsvollstreckung gegen den Kläger, der weder das Haus besitzt noch nach dem Inhalte des Hypothekenbuchs in irgend welcher Beziehung zu ihm steht, unzulässig; denn die persönliche Haftung des Uebernehmers einer Hypothekschuld, der sogenannter dritter Besitzer der Sache nicht mehr ist, ja, wie der Kläger, Eigentümer der Sache überhaupt nie war, kann nicht im Wege sofortiger Zwangsvollstreckung, sondern nur mittelst der Klage im ordentlichen Verfahren geltend gemacht werden. Es kann doch nicht angängig sein und würde allen Grundsätzen über die Verteilung der Parteirollen im Prozesse widersprechen, durch ein solches summarisches Verfahren den mit der Vollstreckung Verfolgten, der in der Lage ist, seine Haftung für den zur Vollstreckung gebrachten Anspruch abzulehnen, in die Rolle des Klägers zu zwingen. Nur vorsorglich d. h. nur für den Fall, daß wider Erwarten das Vollstreckungsverfahren nicht als formell und sachlich unstatthaft aufgehoben werden sollte, mache ich deshalb schon in diesem Rechtsstreite hiemit ausdrücklich geltend, daß der Kläger die Beträge, zu deren Beitreibung die Pfändung erfolgt ist, nicht schuldet.

Es ist ein allgemein anerkannter Rechtssatz, daß die Wiederaufhebung eines Vermögenserwerbs verlangt werden kann, welcher eines Rechtsgrundes entbehrt. Des Rechtsgrundes entbehrt aber ein Vermögenserwerb, wenn er entweder auf einer Leistung beruht, die an die Voraussetzung des Eintritts eines rechtlichen Erfolgs geknüpft war, und die Voraussetzung sich nicht erfüllt hat, oder wenn aus einem Rechtsgrunde geleistet worden ist, der später weggefallen ist. In beiden Fällen bildet der Vermögenserwerb eine ungerechtfertigte Bereicherung des Empfängers. Es bedarf kaum weiterer Ausführung darüber, daß dieser Rechtssatz auf den Eintritt des Klägers in das zwischen dem Beklagten und dem Anwesensbesitzers Konrad Lindner entstandene Darlehensschuldverhältnis Anwendung findet. Die Uebernahme der

Darlehensschuld durch den Kläger bildet eine Bereicherung des Beklagten deshalb, weil dieser, dem ja sein ursprünglicher Schuldner Lindner nach wie vor haftet, durch jene Uebernahme in der Person des Klägers einen zweiten Schuldner bekommen hat. Ungerechtfertigt in dem vorhin angedeuteten Sinne aber ist diese Bereicherung deshalb, weil der Kläger, wenn dies auch in dem Tauschvertrage nicht ausdrücklich gesagt ist, die Schuld doch selbstverständlich nur in der Voraussetzung übernommen hat, daß er Eigentümer des Hauses werde, und die Voraussetzung, wie erwähnt, sich nicht erfüllt hat. Sie ist ungerechtfertigt ferner deshalb, weil der Kläger die Auflösung des Tauschvertrages zu fordern berechtigt ist. Ich habe schon bemerkt, daß er diesen Vertrag nicht eingegangen haben würde, wenn er gewußt hätte, daß das Haus zum Zwecke der Zwangsversteigerung beschlagnahmt und der Beschlagnahmebeschluß im Hypothekenbuche eingetragen war. Konrad Lindner hat diese Thatsachen dem Kläger verschwiegen und diesen dadurch in einen Irrtum versetzt, der als ein sogenannter wesentlicher Irrtum den Kläger berechtigt, entweder Aufhebung des Vertrags oder Schadloshaltung nach den Grundsätzen über die Gewährleistung bei lästigen Verträgen zu fordern. Rückgängigmachung des Tauschvertrages ist aus thatsächlichen Gründen nicht mehr möglich, weil wie das eingetauschte Haus so auch das vertauschte Landgut zu Wörth mittlerweile in das Eigentum eines Dritten übergegangen ist. Es bleibt dem Kläger daher nur die Geltendmachung des Anspruchs auf Schadloshaltung. Diese besteht, soweit sie ihm vom Beklagten zu leisten ist, darin, daß dieser anerkennt, die Uebernahme der Darlehensschuld des Konrad Lindner durch den Kläger bestehe wegen Hinfälligkeit ihres Rechtsgrundes nicht zu Recht. Ich beantrage indes nicht, daß die Entscheidung über diesen Anspruch des Klägers in der Form eines Feststellungsurteils erfolge, sondern es genügt dem Kläger der in der Klage beantragte Ausspruch, der ja die Aberkennung des vom Beklagten durch Einleitung der Zwangsvollstreckung gegen den Kläger geltend gemachten Anspruchs aus dem Darlehen unzweideutig enthält.

Zur Geltendmachung dieses Anspruchs gegen den Kläger war der Beklagte übrigens auch aus einem anderen Grunde nicht berechtigt.

Das Landgut zu Wörth ist aus dem Eigentume des Konrad Lindner zu Beginn des Jahres 1889 durch weiteren Tausch in das Eigentum des Beklagten übergegangen. Auf dem Gute war Hypothek eingetragen für ein im Jahre 1886 von dem Kaufmanne Max Eder dem Kläger gegebenes, zu vier vom Hundert verzinsliches Darlehen von 2500 Mark. Der Hypothekeintrag blieb bestehen und sowohl Konrad Lindner als nach diesem der Beklagte übernahmen in den Tauschverträgen die Darlehensschuld. Der Gläubiger Max Eder nahm den Beklagten als Schuldner ausdrücklich an und trat sodann am 1. Juli 1889 die Forderung an den Kläger ab. Dieser schuldete damals aus einem Wechsel dem Bankier Hermann Obermaier 2500 Mark. Zur Tilgung dieser Schuld trat er am 1. August 1889 die hypothekarisch versicherte Darlehensforderung von 2500 Mark an Obermaier ab. In dem notariell beurkundeten Abtretungsvertrage wurde, wie es dort wörtlich heißt, „bestimmt, daß Herr Karl Groß die — ihm ohnehin kraft des Gesetzes obliegende — Haftung für den Bestand und die Einbringlichkeit der abgetretenen Forderung übernehme." Das verpfändete Landgut wurde bald darauf von dem Beklagten weiterverkauft und der neue Eigentümer, der die Schuld übernommen hatte, geriet noch im Jahre 1889 in Konkurs. Hermann Obermaier fiel mit seiner Forderung bei der vom Konkursverwalter betriebenen Zwangsversteigerung des Landgutes aus und blieb wegen Unzureichendheit der Masse auch in Konkursverfahren unbefriedigt. Der für die Einbringlichkeit haftbare Kläger mußte ihm infolge dessen — abgesehen von Zinsen und Kosten — den Betrag von 2500 Mk. erstatten. Hinsichtlich dieser Zahlung steht nun ohne allen Zweifel dem Kläger das Recht des Rückgriffs auf den Beklagten zu, weil dieser, der für die Darlehensschuld aus deren Uebernahme ja gleichfalls persönlich haftete, durch die vom Kläger an den Gläubiger Obermaier geleistete Zahlung von seiner Schuld befreit worden ist. Durch diese dem Kläger zustehende Gegenforderung, die zum Zwecke der Aufrechnung gegen die vom Beklagten zur Vollstreckung gebrachte Forderung hiemit geltend gemacht wird, ist die letztere vollständig ausgeglichen.

Hienach erübrigt mir nur die Wiederholung des in der Klage gestellten Antrags."

Der Vorsitzende erteilte hierauf das Wort dem Rechtsanwalte Pusch.

Dieser trug folgendes vor:

„Das Gericht ist nicht zuständig. Die Klage ist eine persönliche und wäre daher im allgemeinen Gerichtsstande des Beklagten zu erheben gewesen, der seinen Wohnsitz im Bezirke des Landgerichts Hochfeld hat. Dies trifft mindestens insoweit zu, als die Klage darauf gegründet ist, daß die vom Beklagten geltend gemachte Forderung ihm überhaupt nicht zustehe oder durch eine Gegenforderung ausgeglichen sei. Im übrigen ist das Gericht aus anderen Gründen nicht zuständig. Ueber Einwendungen gegen die Zulässigkeit der Vollstreckungsklausel, ferner über Einwendungen, die sich darauf gründen, daß der Inhalt der Vollstreckungsklausel den gesetzlichen Anforderungen nicht genüge und daß die gesetzlich erforderliche Zustellung anderer Urkunden nicht erfolgt sei, entscheidet das Vollstreckungsgericht, und dessen Gerichtsstand ist ein ausschließlicher. Für die beiden verschiedenen Richtungen, in denen die Klage sich bewegt, sind hienach zwei verschiedene Gerichte zuständig. Dies führt mit Notwendigkeit zu dem Schlusse, daß es unstatthaft ist, die sachlichen Einwendungen der erstbezeichneten Art mit den formalen Einwendungen der letztbezeichneten Art in einer und derselben Klage zu verbinden. Die Klage ist hienach unzulässig. Auch davon kann keine Rede sein, daß das Gericht etwa anordnet, die Verhandlung auf die Einwendungen der einen oder der anderen Art zu beschränken, denn das angegangene Gericht ist weder zur Entscheidung über die einen noch zur Entscheidung über die anderen zuständig.

Die Klage ist übrigens noch aus einem anderen Grunde unzulässig. In dem Protokolle über die vor dem hiesigen Amtsgerichte am 12. September d. Js. im Verteilungsverfahren gepflogene Verhandlung heißt es wörtlich: „Der Schuldner Karl Groß erhebt Widerspruch gegen den Teilungsplan und legt Verwahrung ein gegen die Zuweisung des Erlöses an Friedrich Helmer, weil die Sachen, die am 4. August d. Js. gepfändet worden sind, Eigentum seiner Ehefrau seien." Eine weitere Erklärung des nunmehrigen Klägers enthält das Protokoll nicht, ist von ihm auch nicht abgegeben worden. Er hat sonach damals weder gegen den Anspruch des Gläubigers noch gegen die Zulässigkeit der Vollstreckungsklausel oder die sonstige Gesetzmäßigkeit des Vollstreckungsverfahrens irgend eine Einwendung erhoben, hiedurch also wohl unzweifelhaft insbesondere den Anspruch des Gläubigers anerkannt. Es ist unzulässig, nun mittels der Klage andere Einwendungen geltend zu machen als zur Begründung des Widerspruchs gegen den Teilungsplan im Verteilungsverfahren erhoben worden sind. Die Unzulässigkeit eines solchen Vorgehens folgt aus der Bestimmung in § 762 der Zivilprozeßordnung, daß insoweit, als der Plan durch den Widerspruch nicht betroffen wird, die Ausführung des Plans zu erfolgen hat. Die von dem Widersprechenden zu erhebende Klage kann nur die erhobenen Einwendungen weiter verfolgen, nicht aber Einwendungen erst erheben, für deren Erhebung die Verhandlung über den Teilungsplan die einzig zulässige Gelegenheit war, und die deshalb dadurch, daß sie bei dieser Gelegenheit nicht erhoben wurden, ausgeschlossen sind. Dir Unstatthaftigkeit nachträglicher Geltendmachung anderer Einwendungen folgt übrigens auch aus der Bestimmung in § 686 Abs. 2 der Zivilprozeßordnung. Zu dem allen kommt noch, daß die Klage nicht innerhalb der durch § 764 Abs. 1 der Zivilprozeßordnuug bestimmten Frist von einem Monate erhoben worden ist. Diese Gründe müssen dazu führen, daß die Klage ohne sachliche Würdigung der in ihr geltend gemachten Einwendungen abgewiesen wird, und rechtfertigen zugleich den weiteren Antrag, den ich hiemit stelle:

„„im Urteile die sofortige Ausführung des Teilungsplans anzuordnen und diese Anordnung für vorläufig vollstreckbar zu erklären.““

Der Rechtsanwalt Pusch übergab schriftliche Fertigung dieses Antrags dem Vorsitzenden und fuhr sodann in seinem Vortrage folgendermaßen fort:

„Nur für den Fall, daß das Gericht sich für zuständig erachten und hinsichtlich der Zulässigkeit der Klage meiner Auffassung nicht beitreten sollte, verhandle ich zur Sache selbst.

Ob das Schriftstück, dem der Notar die Vollstreckbarkeitserklärung beigesetzt hat, eine „Abschrift“ oder eine „Ausfertigung“ ist, ist ein Streit um Worte. Es kann doch nur darauf ankommen, ob der Inhalt des Schriftstücks mit dem der Urschrift der Notariatsurkunde übereinstimmt, und daß dies der Fall ist, wird vom Kläger nicht in Abrede gestellt. Unerheblich ist ferner, daß sich in der Notariatsurkunde vom 17. März 1887 der Schuldner nicht der sofortigen Zwangsvollstreckung unterworfen hat. Die letztere erfolgte ja nicht gegen den, der in dieser Urkunde die Stellung des Schuldners einnimmt, sondern gegen den sogenannten Drittschuldner, den Kläger, und gegen diesen nicht sowohl auf Grund der Notariatsurkunde vom 17. März 1887 als vielmehr auf Grund der durch andere Urkunden nachgewiesenen, vom Kläger übrigens auch nicht bestrittenen Thatsache der Kündigung, denn aus dieser ergibt sich die Fälligkeit der Schuld. Die Rüge des Verstoßes gegen die Bestimmung in § 671 Abs. 2 der Zivilprozeßordnung mag an sich begründet sein. Allein dieser Mangel des Verfahrens ist nach § 267 der Zivilprozeßordnung dadurch geheilt worden, daß der Kläger ihn bei der Verhandlung über den Teilungsplan nicht gerügt hat. Dieser letztere Umstand steht, wie ich hier nachträglich betone, überhaupt der Zulässigkeit aller vom Kläger gegen die formale Gesetzmäßigkeit des Vollstreckungsverfahrens erhobenen Einwendungen entgegen.

Daß Konrad Lindner vor oder bei der Beurkundung des Tauschvertrags vom 1. Oktober 1888 dem Kläger davon keine Mitteilung gemacht hat, daß die Beschlagnahme des Hauses zum Zwecke der Zwangsversteigerung beschlossen und der Beschluß in das Hypothekenbuch eingetragen war, will ich nicht bestreiten; ich könnte das Gegenteil nicht beweisen. Allein dies ist ebenso belanglos wie der Umstand, daß vor der Einleitung des Vollstreckungsverfahrens das Haus durch den Zuschlag im Zwangsversteigerungsverfahren schon in das Eigentum eines Dritten übergegangen war. Dies war sogar schon lang vor der am 27. September 1890 geschehenen Kündigung eingetreten; gleichwohl hat der Kläger die letztere stillschweigend hingenommen. Selbst wenn der Notar mit offenbarem Unrechte — z. B. weil er sich in der Person des Übernehmers der Schuld geirrt hat — die Urkunde vom 17. März 1887 als für den Beklagten gegen den Kläger vollstreckbar erklärt hätte, würde der Beklagte die formale Berechtignng gehabt haben, gegen den Kläger mit der sofortigen Vollstreckung vorzugehen, und diesem wäre nichts anderes übrig geblieben, als Widerspruchsklage zu erheben, also in die Parteirolle des Klägers zu treten. In dem uns vorliegenden Falle aber handelt es sich eigentlich gar nicht um den Widerspruch gegen eine Vollstreckung, denn das Vollstreckungsverfahren gegen den Kläger war mit der Versteigerung der gepfändeten Gegenstände beendigt. Die Klage gründet sich auf das angebliche Nichtbestehen des vom Beklagten geltend gemachten Anspruchs, sie bezweckt die Feststellung, daß dieser Anspruch überhaupt nie bestand oder durch Aufrechnung getilgt sei, und für diesen Rechtsstreit mußte ganz selbstverständlich die Rolle des Klägers dem zufallen, der an der alsbaldigen Feststellung ein rechtliches Interesse hat.

Der vom Kläger an die Spitze seiner weiteren Ausführung gestellte Satz ist in der Allgemeinheit, in der er ausgesprochen worden ist, nicht richtig. Er erleidet insbesondere eine sehr wesentliche Einschränkung dann, wenn der Rechtsgrund der Leistung in einem gegenseitigen Vertrage besteht. Hat bei einem gegenseitigen Vertrage der eine Teil erfüllt, der andere aber nicht, so kann der erstere nicht vom Vertrage zurücktreten und seine Leistung zurückfordern, sondern nur auf Erfüllung oder, sofern diese nicht mehr möglich ist, auf Schadloshaltung klagen. So liegt die Sache in unserem Falle. Der Kläger mag auf Grund des Tauschvertrags, sofern er selbst ihn erfüllt hat, gegen den Konrad Lindner darauf klagen, daß dieser ihm das Eigentum des Hauses an der Ottostraße verschaffe oder, da dies, wie ich nicht bestreiten will, nicht mehr möglich ist, ihn schadlos halte. Daß bei dieser allein richtigen Auffassung des Rechtsverhältnisses der Beklagte und der auf Grund der Schuldübernahme des Klägers ihm gegen diesen zustehende Anspruch ganz außer dem Spiele bleiben, kann einem Zweifel nicht unterliegen. Übrigens ist es auch vollständig unrichtig, daß der Beklagte durch die Schuldübernahme des Klägers eine Bereicherung erfahren hat. Der Kläger hat ja selbst zugegeben, daß in dem bezüglich des Hauses durchgeführten Zwangsversteigerungsverfahren die Forderung des Beklagten wegen Unzureichendheit des Meistgebotes unbefriedigt geblieben ist. Der persönliche Anspruch gegen Konrad Lindner, falls ein solcher — was ich hier nicht entscheiden will — dem Beklagten überhaupt noch zusteht, ist, da Lindner inzwischen vermögenslos gestorben ist, vollkommen wertlos. Übrigens ist der Beklagte gern bereit, ihn dem Kläger abzutreten, sobald er selbst vollständig zu seinem Guthaben gelangt sein wird.

Ebenso wenig als hienach die gegen den Anspruch selbst erhobenen Einwendungen rechtlich begründet sind, rechtfertigt das weitere thatsächliche Vorbringen des Klägers den von ihm gezogenen Schluß, daß der Anspruch durch Aufrechnung getilgt sei. Der Kläger war rechtlich nicht verpflichtet, dem Bankier Obermaier den Betrag von 2500 Mark zu erstatten. Diese Zahlung war eine Handlung der Freigebigkeit, eine

Schenkung, denn der Kläger haftete dem neuen Gläubiger Obermaier nicht für die Einbringlichkeit der abgetretenen Forderung. Der Wortlaut des Abtretungsvertrages steht dieser Auffassung nicht entgegen. Dieser Wortlaut beweist unzweideutig, daß die Absicht der Vertragschließenden nicht weiter ging, als daß der Abtretende dem neuen Gläubiger für das hafte, wozu ihn schon das Gesetz verpflichtet. Es scheint nun zwar, daß beide der Meinung waren, der Abtretende hafte dem neuen Gläubiger kraft des Gesetzes nicht blos für den Bestand, sondern auch für die Güte der Forderung. Hierin irrten sie aber, und dieser Rechtsirrtum macht den auf die Haftung für die Einbringlichkeit bezüglichen Teil der Willenserklärung nichtig, zumal angenommen werden muß, daß der Kläger diese Haftung nicht übernommen haben würde, wenn er gewußt hätte, daß sie nach dem Gesetze ihm nicht oblag. Es ist klar, daß durch die Freigebigkeit des Klägers gegen einen Dritten eine Verpflichtung des Beklagten zur Ersatzleistung nicht erzeugt werden konnte. Allein selbst wenn man der Ansicht sein könnte, daß der Kläger für die Güte der abgetretenen Forderung gehaftet habe, würde ihm das Recht des Rückgriffs auf den Beklagten nicht zustehen, weil er durch die dem Bankier Obermaier geleistete Zahlung nur eine eigene Schuld getilgt hat. Die Verpflichtung, die er durch die Zahlung erfüllt hat, war seine eigene aus zwei Gesichtspunkten: er hatte für den von dem Bankier Obermaier sowohl im Zwangsversteigerungsverfahren als im Konkursverfahren erlittenen Ausfall einzustehen, weil er die Haftung für die Zahlungsfähigkeit des Schuldners, die Pflicht der Gewährleistung übernommen hatte; er war aber auch abgesehen von diesem Verpflichtungsgrunde Schuldner des Obermaier schon deshalb, weil er ja die Person ist, die das Darlehen zu 2500 Mark von dem ursprünglichen Gläubiger Max Eder empfangen und die Hypothek dafür bestellt hat, die am 1. August 1889 mit der durch sie gesicherten Darlehensforderung an den Bankier Obermaier abgetreten worden ist. Daß die Übernahme jener Gewährleistungspflicht und ihre

Erfüllung den Beklagten zu nichts verpflichtet hat, versteht sich von selbst. Schuldner des Darlehens war allerdings auch der Beklagte, solang er das dafür verpfändete Landgut besaß, er ist von der persönlichen Haftung aber dadurch frei geworden, daß Obermaier die Darlehensforderung in dem über das Vermögen des Besitznachfolgers des Beklagten eröffneten Konkursverfahren angemeldet hat, während die persönliche Haftung des Klägers als Darlehensempfängers natürlich nach wie vor fortbestand. Hieraus folgt übrigens zugleich, daß der Abtretungsvertrag zwischen dem Kläger und dem Bankier Obermaier vom 1. August 1889 nichtig ist; denn dadurch, daß Max Eder die Darlehensforderung von 2500 Mark, deren Schuldner, wie ich soeben betont habe, der Kläger war, an eben diesen abtrat, Forderung und Verbindlichkeit sich sohin in derselben Person vereinigten, war das Schuldverhältnis erloschen. Über eine nicht bestehende Forderung aber kann kein Abtretungsvertrag geschlossen werden. Infolge dessen blieb die Wechselschuld des Klägers an Obermaier damals bestehen. Getilgt wurde sie erst durch die vom Kläger dem Obermaier später geleistete Zahlung von 2500 Mark.

Hienach erübrigt mir nur die Wiederholung des in der Klagebeantwortungsschrift gestellten Antrags."

Zur Entgegnung erhielt hierauf das Wort der Rechtsanwalt Wendel. Dieser äußerte sich folgendermaßen:

„Die vom Beklagten erhobene Einrede der Unzuständigkeit des Gerichts ist unbegründet. Ich gebe zu, daß, soweit die Klage sich darauf gründet, daß das formale Recht des Beklagten auf den bei dem Amtsgerichte hinterlegten Geldbetrag dem besseren materiellen Rechte des Klägers weichen muß, auch das Landgericht Hochfeld zuständig sein würde, kann aber nicht zugeben, daß das Landgericht Frankenau unzuständig sei. Das letztere ist zuständig nach § 765 der Zivilprozeßordnung und aus dem in meinem ersten Vortrage schon angedeuteten Gesichtspunkte, daß es sich um die Feststellung des Nichtbestehens eines Rechtsverhältnisses handelt, nach § 29 der Zivilprozeßordnung. Unter mehreren zuständigen Gerichten hat bekanntlich der Kläger die Wahl.

Ebenso haltlos sind die gegen die Zulässigkeit der Klage erhobenen Einwendungen. Ich verwahre den Kläger dagegen, daß aus seinem Verhalten im Verteilungstermine der Schluß gezogen werde, er habe den Anspruch des Beklagten anerkannt. Daß Einwendungen, die im Verteilungstermine nicht geltend gemacht wurden, ausgeschlossen seien, ist in der Zivilprozeßordnung nicht bestimmt. Die Bestimmung in § 764 Abs. 1 über die Wirkung des fruchtlosen Ablaufs der einmonatigen Frist zur Erhebung der Klage kann nicht den Sinn haben, daß das Verteilungsgericht den Plan auch dann ausführen müsse, wenn die Klage zwar nach Ablauf der Frist, aber doch zu einer Zeit erhoben wurde, zu der der Plan noch unausgeführt war. Der vom Beklagten heute gestellte neue Antrag ist daher unzulässig.

Ob die Vollstreckbarkeitserklärung auch auf eine Abschrift oder nur auf eine Ausfertigung gesetzt werden könne, ist eine Frage von ganz erheblicher Bedeutung. Nur die Erteilung einer Ausfertigung, nicht die einer Abschrift hat der Notar auf der Urschrift zu bemerken. Wäre es zulässig, auch einer Abschrift die Vollstreckbarkeitserklärung beizusetzen, so könnte sich der Gläubiger ohne weiteres zwei vollstreckbare Urkunden verschaffen. Auch meine übrigen Einwendungen gegen die Zulässigkeit der Vollstreckungsklausel und des Vollstreckungsverfahrens halte ich aufrecht. Ich verweise nur noch auf die Bestimmungen in §§ 665, 666 der Zivilprozeßordnung, gegen die ganz unzweifelhaft verstoßen worden ist.

Die Rechtsausführungen, mit denen der Vertreter des Beklagten die Begründung der Klage im übrigen widerlegen zu können glaubte, sind ohne Ausnahme irrig. Er hat übersehen, daß der Tauschvertrag vom 1. Oktober 1888 wegen wesentlichen Irrtums anfechtbar ist, daß bei einem gegenseitigen Vertrage der eine Vertragschließende vom Vertrage abzugehen berechtigt ist, wenn dem anderen die Leistung infolge eines von ihm zu vertretenden Umstandes unmöglich geworden ist (bei dem Tauschvertrage bildet einen solchen Umstand die von Konrad Lindner verschuldete Beschlagnahme des Hauses), daß die Klage aus der ungerechtfertigten Bereicherung, wenn sie, wie hier der Fall ist, nicht auf eine Leistung, sondern auf die Anerkennung der Rechtsfolgen eines Vorgangs gerichtet ist, gegen jeden erhoben werden kann, der dem Rechtsverhältnisse die Anerkennung verweigert, daß bei Abtretung einer Forderung an Zahlungsstatt der bisherige Gläubiger dem neuen Gläubiger schon kraft des Gesetzes für die Güte der Forderung haftet, daß diese Haftung die rechtliche Natur der Bürgschaft hat und daß dem Bürgen, der Zahlung geleistet hat, der Rückgriff auf den Hauptschuldner zusteht. Ich halte sonach meine Darlegungen aufrecht."

Vom Vorsitzenden zur Abgabe einer etwa beabsichtigten Schlußäußerung aufgefordert, erklärte Rechtsanwalt Pusch, daß er sich lediglich auf seine früheren, vom Vertreter des Klägers in keiner Beziehung widerlegten Ausführungen beziehe.

Auf die Frage des Vorsitzenden erklärten schließlich beide Rechtsanwälte, daß sie ihren Vorträgen, insbesondere in thatsächlicher Beziehung nichts mehr beifügen könnten oder wollten.

Der Vorsitzende erklärte hierauf die Verhandlung für geschlossen und beraumte Termin zur Verkündung der Entscheidung auf den 7. Dezember nachmittags fünf Uhr an.

Das Sitzungsprotokoll wurde den Anwälten zur Durchsicht vorgelegt und von ihnen genehmigt.

I. Probe-Aufgabe

aus dem Staatsrechte des deutschen Reichs und des Königreichs Bayern.

I.

Zwischen dem vormaligen deutschen Bunde und dem deutschen Reiche besteht keine Rechts-Continuität. Gleichwohl ist es mehrfach bezweifelt worden, ob auch diejenigen Bestimmungen der deutschen Bundesakte, welche außer Zusammenhang mit der Bundesverfassung stehen und auch abgesehen von dem Bestande eines Bundesverhältnisses gedacht werden können, durch die Auflösung des Bundes von selbst ihre bindende Kraft verloren haben.

Zu diesen Bestimmungen gehört der Art. XIV der Bundesakte, welcher den ehemaligen Reichsständen gewisse Vorrechte sichert und dieselben unter die Gewährleistung des Bundes stellt. Einige dieser Vorrechte haben in der Reichsgesetzgebung ausdrückliche Anerkennung gefunden. Es ergibt sich aber die allgemeine Frage:

1. Können aus Art. XIV der Bundesakte Verpflichtungen des deutschen Reiches abgeleitet werden?
2. Ist dies bezüglich der einzelnen deutschen Bundesstaaten der Fall?

II.

Wie unterscheidet sich die reichsgesetzlich geregelte Gemeindekrankenversicherung von der bayerischen in Ansehung des Kreises der versicherungsberechtigten und versicherungspflichtigen Personen?

Welche Kategorien von Arbeitern sind auch dermalen noch in Bayern von der gesetzlichen Krankenversicherung, der Unfallversicherung und beziehungsweise der Invaliditäts- und Altersversicherung ausgeschlossen?

Wie verhält es sich mit dieser gesetzlichen Versicherung bei Familiengliedern, welche in dem Betriebe des Familienhauptes regelmäßig mitarbeiten?

II. Probe-Aufgabe

aus dem Staatsrechte des deutschen Reichs und des Königreichs Bayern.

I.

Am 1. August 1860 war ein Knabe mit dem Vornamen Heinrich als der an diesem Tage ehelich geborne Sohn des

Freiherrn Eugen von X in das Taufregister der protestantischen Pfarrei München eingetragen worden.

Im Jahre 1890 starb dieser Freiherr und bei der Verlassenschaftsverhandlung stellte sich heraus, daß die Mutter jenes Knaben die am 1. Mai 1860 wegen Ehebruchs gerichtlich geschiedene Ehefrau des Kaufmanns Josef Huber aus Mainz gewesen ist und sich erst im Jahre 1880 zu Berlin mit dem Freiherrn Eugen von X verheiratet hat, wobei allerdings der letztere zum standesamtlichen Heiratsregister sich als den natürlichen Vater des Knaben bekannte.

Ein Mitglied dieser in Bayern ansässigen Adelsfamilie berichtete nun den Sachverhalt an das protestantische Pfarramt München und beantragte unter Vorlage einer vollziehbaren Ausfertigung des Ehescheidungsurteils, den Taufregister-Eintrag vom 1. August 1860 zu berichtigen und den Knaben mit dem Mädchennamen seiner Mutter als einen unehelich gebornen Maier einzutragen.

Das Pfarramt vollzog hierauf ohne weitere Verhandlung die Aenderung, trug aber den Knaben als ehelich gebornen Sohn des Kaufmanns Josef Huber ein und setzte hievon die Beteiligten in Kenntnis.

Diese Aenderung wurde sofort in einer gegen das Pfarramt gerichteten Beschwerde sowohl von dem Kaufmann Josef Huber als auch von dessen angeblichem Sohne, welcher von Jugend auf den freiherrlichen Namen unbeanstandet geführt hatte, angefochten. In der Beschwerde wurde ausgeführt, daß eine Aenderung der Einträge in den Pfarrmatrikeln seit dem Inkrafttreten des Personenstandsgesetzes überhaupt nicht mehr möglich sei, und daß die vorgenommene Aenderung jedenfalls nur nach durchgeführter Statusklage, eventuell auf Grund des Berichtigungsverfahrens nach §§ 65, 66 erwähnten Gesetzes hätte vorgenommen werden sollen. Sachlich sei ferner dieselbe deshalb nicht gerechtfertigt, weil legitimatio per subsequens matrimonium vorliege. Wäre aber diese Legitimation nicht eingetreten, so wäre der im Taufregister Eingetragene zweifellos Hesse und keine bayerische Kirchen- oder Verwaltungsbehörde zuständig, demselben nachträglich den Familiennamen eines nichtbayerischen Vaters gegen den Willen Beider beizulegen.

Bei welcher Behörde ist diese Beschwerde anzubringen, und wie ist dieselbe unter Würdigung der dargelegten Gesichtspunkte zu verbescheiden?

II.

Durch den Bezirk einer rechtsrheinischen Landgemeinde führt eine Distriktsstraße, welche den Hauptort des Distrikts, zu welchem die Landgemeinde gehört, mit der Kreishauptstadt verbindet. In diesem Teil der Straße befindet sich eine Brücke, welche im Jahre 1885 mit einem Aufwand von 40,000 ℳ aus Stein und Eisen neu hergestellt wurde.

Zur Bestreitung dieses Aufwandes wurde vorweg ein Kreisfondszuschuß von 5000 ℳ verwendet, welcher der Distriktsgemeinde in Anbetracht ihrer sonstigen hohen Belastung zum Brückenbau bewilligt worden war. Der Rest wurde durch Aufnahme einer Schuld gedeckt, welche mittels Distriktsumlagen zu 4 % verzinst und in jährlichen Raten von 3000 ℳ getilgt werden sollte.

Vier Jahresraten waren bereits bezahlt, als die Landgemeinde mit der angrenzenden Kreishauptstadt zu einem Gemeindebezirk vereinigt wurde.

Nunmehr verlangte die Distriktsgemeinde von der Kreishauptstadt, daß sie die Straße im Bezirk der früheren Landgemeinde nebst der Brücke zu Eigentum und fernerer Unterhaltung übernehme und ihr die gesamten Brückenbaukosten nebst den bezahlten Zinsen, sowie den durch Schätzung zu ermittelnden Grundstückswert der Straße vergüte. Sie begründete diese Forderungen damit, daß die Landgemeinde nunmehr aus dem Distriktsverbande ausgeschieden sei und die Kreishauptstadt durch den Eigentumserwerb an Straße und Brücke eine Bereicherung aus dem Vermögen der Distriktsgemeinde erfahre.

Die Kreishauptstadt lehnte die Forderungen wegen mangelnder gesetzlicher Begründung ab und fügte bei, daß wenn sie Straße und Brücke zur ferneren Unterhaltung übernehmen müßte, ihr daraus nur Kosten erwachsen würden, aber keine Bereicherung, weshalb sie gerne auf den Eigentumserwerb an diesen Objekten verzichte.

Nach welchen Gesichtspunkten ist Entscheidung zu treffen, nachdem eine gütliche Einigung nicht zu erzielen war.

Probe-Aufgabe
aus dem katholischen Kirchenrechte.

An die k. Regierung, Kammer des Innern, in A gelangt ein Schreiben des bischöflichen Ordinariates B folgenden Inhalts:

In die katholische Pfarrei Friedenheim, Bezirksamts gleichen Namens, seien auch die Katholiken des Marktes Kreuzpoint, Bezirksamt Oberstetten, eingepfarrt und würden hauptsächlich von dem Kooperator dieser Pfarrei, der nach Kreuzpoint thunlichst oft exkurriere, pastoriert. Kreuzpoint, von Friedenheim 3 Stunden entfernt, sei auch Sitz einer protestantischen Pfarrei und von den protestantischen Pfarreien Merzheim, Borndorf, Fügen, — sämtliche Bezirksamts Oberstetten — dann Bornburg, Bezirksamts Unterstetten, umgeben. In diesen letzteren protestantischen Pfarreien wohnten etwa 150 Katholiken zerstreut, welche noch keiner katholischen Pfarrei zugeteilt seien, jedoch charitative von Friedenheim aus beziehungsweise von dem nach Kreuzpoint exkurrirenden Kooperator pastoriert wurden. Kreuzpoint, wo sich ungefähr 300 Katholiken befänden, bilde seit vielen Jahren den Mittelpunkt für die in dieser vorzugsweise protestantischen Gegend wohnenden Katholiken, es sei dort aus freiwilligen Beiträgen eine katholische Kirche, ein Krankenhaus für Katholiken und ein Wohnhaus für einen künftig in Kreuzpoint ständig aufzustellenden Priester erbaut. In der Kirche werde auch schon jetzt so oft als möglich Gottesdienst gehalten, alle Kosten seien durch freiwillige Beiträge, die ein katholischer Verein sammle und verwalte, und durch Zuschüsse aus bischöflichen Fonds bestritten worden; der Verein sei auch bis jetzt Eigentümer sämtlicher voraufgeführten, für die Katholiken bestimmten Gebäude, das Ordinariat verwalte einen Fond von 20,000 ℳ, der vor 10 Jahren dem Bischof von einem Wohlthäter zur freien Verfügung für die Seelsorge der in Kreuzpoint und Umgebung wohnenden Katholiken und namentlich zur Gründung einer Seelsorgerstelle in Kreuzpoint übergeben worden sei. Bisher seien aus diesem Fonde nur hie und da Zuschüsse für den nach Kreuzpoint exkurrierenden Priester gegeben worden. Durch Zinsenadmassierung sei dieser Fond jetzt auf 28,000 ℳ angewachsen, und werde nach Errichtung einer Seelsorgerstelle in Kreuzpoint dem dort aufzustellenden Geistlichen mit der Bestimmung übergeben werden, daß die Zinsen aus 20,000 ℳ zur Besoldung des Geistlichen verwendet, je die Hälfte des Kapitalrestes aber als Baufond und als Vermögen der katholischen Kirche in Kreuzpoint verwaltet werden solle. Aus Kapitalzinsen und Stolgefällen ergebe sich schon jetzt für den nach Kreuzpoint zu exponierenden Geistlichen ein jährliches Einkommen von mindestens 1000 ℳ und das Ordinariat werde demnächst einen Ortsgeistlichen für Kreuzpoint abordnen. Schon jetzt habe der Pfarrer von Friedenheim auf Veranlassung des Ordinariates eine Reihe von Korrespondenzen als vorbereitende Schritte gepflogen, die beteiligten protestantischen Pfarreien hätten gegen die projektierte Errichtung einer katholischen Expositur in Kreuzpoint keine Einwendungen erhoben, nur der protestantische Pfarrer von Vorndorf habe in Verbindung mit der Kirchenverwaltung bemerkt, daß die dortige Friedhofkirche nebst Glocken ausschließlich Eigentum der Protestanten sei, daß daher ein Mitgebrauch seitens der Katholiken nur mit besonderer Bewilligung bei jeder einzelnen Beerdigung und gegen besondere Gebühren stattfinden dürfe. Vornburg liege übrigens nicht mehr innerhalb der Diözese B, sondern gehöre zur Diözese C, doch habe das Ordinariat C erklärt, daß es in Berücksichtigung der örtlichen Verhältnisse gegen die Zuteilung der an der äußersten Grenze der Diözese C wohnenden Vornburger Katholiken zur künftigen Expositur Kreuzpoint keine Erinnerung erhebe und sich an den hiezu nötigen Schritten beteiligen werde. Schließlich erwähnt das Ordinariat B, daß der Katholikenverein in Kreuzpoint die Einführung von armen Franziskanerinnen zur Krankenpflege in dem Krankenhause für Katholiken, das bisher von einer Badersfamilie verwaltet werde, wünsche, und stellt nun die Bitte, die Regierung möge, da angeblich die beteiligten Bezirksämter ihre Zuständigkeit in der Sache bezweifeln, selbst die nötigen Einleitungen und Anordnungen treffen, damit baldmöglichst in Kreuzpoint eine ständige katholische Expositur errichtet und das dortige Krankenhaus für Katholiken den Ordensfrauen übergeben werden könne.

Aufgabe: Es ist der Gang, welchen die Verhandlungen zur Erfüllung der Wünsche und Anträge des Ordinariates zu nehmen haben werden, unter Anführung der einschlägigen gesetzlichen Bestimmungen und Bezeichnung der je im einzelnen Stadium zuständigen Stellen und Behörden kurz zu skizzieren.

Probe-Aufgabe
aus dem protestantischen Kirchenrechte
1891.

I.

Die politische Gemeinde A bildet mit zwei anderen Gemeinden seit den ältesten Zeiten eine eigene protestantische Pfarrgemeinde mit eigener Kirche, eigenem Kirchenvermögen und regelmäßigem Gottesdienste. Dieselbe besaß jedoch niemals einen eigenen Pfarrer, sondern wurde von jeher bis Ende des letzten Dezenniums von der Geistlichkeit der Pfarrei

B, von welcher die Pfarrei A eine Nebenpfarrei bildet, pastoriert. Bei der in den letzten Jahrzehnten rapid zunehmenden protestantischen Bevölkerung von A und B erwies sich jedoch diese Pastoration nach verschiedenen Seiten als unzureichend. Es wurde daher Anfangs dieses Jahrzehnts Allerhöchst genehmigt, daß zur Pastorierung der protestantischen Nebenpfarrei A dem I. protestantischen Pfarrer zu B ein ständiger Vikar beigegeben werde, welcher seinen Wohnsitz in A zu nehmen, insbesondere die protestantischen Gottesdienste daselbst abzuhalten, den protestantischen Religionsunterricht in der Volksschule sowie den Konfirmandenunterricht zu erteilen und überhaupt die gesamte Seelsorge in der Pfarrgemeinde A auszuüben habe, wogegen die Führung der pfarramtlichen Geschäfte dem jeweiligen I. Pfarrer in B vorbehalten werde. Allein auch diese Organisation erwies sich bei der stetigen Zunahme der protestantischen Bevölkerung in A und B als ungenügend und führte zu beklagenswerten Mißständen.

Es wurde deshalb von den Vertretern der protestantischen Pfarrgemeinde A gemeinschaftlich mit dem Pfarramte B und dem Vikariate A die Bitte gestellt, zu genehmigen, daß dem jeweiligen Vikar zu A die Vorstandschaft in der Kirchenverwaltung und der öffentlichen Armenpflege, der Vorsitz im Kirchenvorstande, die Lokalschulinspektion und die Führung der Kirchenbücher über Taufen, Trauungen und Beerdigungen in der Pfarrgemeinde A übertragen werde. Ferner wurde gebeten, daß der Vikar von A zur Ausstellung pfarramtlicher Zeugnisse ermächtigt werde, zu welchem Zwecke ihm die bisher über A geführten Kirchenbücher auszuhändigen wären und ihm die Berechtigung zur Führung eines aus Mitteln der Kirchenstiftung A anzuschaffenden Vikariatssiegels zu erteilen wäre.

Aufgabe: Es ist unter eingehender Begründung die Frage zu beantworten, ob und inwieweit diesen Bitten — die Zustimmung der kirchlichen Oberbehörden vorausgesetzt — stattgegeben werden kann.

II.

Durch welches Organ ist die Fertigung der Einhebe-register für Kirchengemeindeumlagen sowie die Erhebung der letzteren selbst, einschließlich der Zwangsbeitreibung zu bethätigen und welche gesetzlichen Bestimmungen sind für die Befugnis und Verpflichtung des betreffenden Organs zur Vornahme der einzelnen Handlungen maßgebend?

Probe-Aufgabe

aus der Polizeiwissenschaft.

Aus Anlaß eines in einer Stadtgemeinde aufgetretenen ersten Falles der Erkrankung eines die Volksschule besuchenden Kindes am Scharlach haben sich folgende Fragen ergeben:

1. Besteht nach den in Bayern zur Zeit geltenden Bestimmungen eine Verpflichtung — bejahenden Falles für wen — das erkrankte Kind einer ärztlichen Behandlung zu unterstellen?
2. Besteht eine Verpflichtung — bejahenden Falles für wen — zu irgend einer Anzeigeerstattung über den Ausbruch dieser Krankheit? Wenn ja, an welche Behörde ist die Anzeige zu erstatten?
3. Kann der Verkehr mit dem Kinde oder seiner Umgebung eingeschränkt oder verboten werden? Besteht insbesondere eine Verpflichtung — bejahenden Falles für wen, — ein solches Kind vom Schulbesuche abzuhalten?
4. Besteht nach der Genesung des Kindes eine Verpflichtung — bejahenden Falles für wen, — hinsichtlich der Wohnung des Kindes irgendwelche Maßnahmen zur Verhütung einer Weiterverbreitung der Krankheit zu treffen?

Es soll die Beantwortung vorstehender Fragen unter entsprechender Begründung gegeben und sodann untersucht und gewürdigt werden, ob die zur Zeit bestehenden Bestimmungen, auf Grund deren polizeiliche Maßnahmen — sei es im Allgemeinen oder für den einzelnen Fall — zur Verhütung der Weiterverbreitung des Scharlachs ergriffen werden können, dem Bedürfnisse genügen?

Probe-Aufgabe
aus dem Polizeirechte.

Zunächst der unmittelbaren Stadt S und noch im Burgfrieden derselben führt im Anschlusse an eine von Norden her ziehende Staatsstraße eine Brücke über die Donau. Über die Bauverbindlichkeit an der Brücke bestanden zwischen dem Fiskus und der Stadtgemeinde S seit Jahren Differenzen, welche am 1. Oktober 1886 durch Vergleich beendigt wurden, indem gegen Verzicht der Stadtgemeinde auf einen aus alter Zeit ihr zugestandenen Brückenzoll die gesammte Brückenbaulast vom Staatsärar, welchem auch das Eigentum an der Brücke zusteht, übernommen wurde.

Da die Brücke mit einem geschlossenen Dache versehen ist, so muß dieselbe während der Nachtzeit im Interesse der Sicherheit des Verkehrs beleuchtet werden. Sowohl die k. Staatsbauverwaltung, als auch die Stadtgemeinde S erkennen die Notwendigkeit der Beleuchtung an, beide aber lehnen die Verpflichtung zu deren Herstellung und Unterhaltung ab.

Eine an die vorgesetzte k. Regierung, Kammer des Innern, von N gerichtete Vorstellung des Stadtmagistrates S vom 30. April l. Js., worin um Uebernahme der Brückenbeleuchtung seitens der Staatsbauverwaltung gebeten war, gab der genannten Kreisstelle Veranlassung, die Frage über die bezügliche Verpflichtung näher zu prüfen, und sie erließ nun nach Einvernahme der Finanzkammer unterm 24. Mai l. Js. an den Stadtmagistrat S eine Entschließung folgenden Inhalts:

In allen Landesteilen obliege nach Gesetz, und zwar in der Pfalz nach Art. 71 Abs. 1 und Art. 76, in den Landesteilen rechts des Rheins nach Art. 92 Abs. 2 und Art. 95 der betreffenden Gemeindeordnung, den Gemeinden die Handhabung der Ortspolizei und die Bestreitung der hiefür erwachsenden Kosten; zu den ortspolizeilichen Obliegenheiten gehöre in erster Linie die Obsorge für persönliche Sicherheit; diesem Zwecke diene unter anderm auch die nötige Beleuchtung von Brücken und Wegen; deßhalb werde die Stadtgemeinde S hiemit aufgefordert, binnen 4 Wochen die zur Herstellung und Unterhaltung der Brückenbeleuchtung erforderlichen Beschlüsse zu fassen.

Der Stadtmagistrat S entsprach jedoch dieser Aufforderung nicht, sondern beschloß unterm 5. Juni l. Js. nach kollegialer Beratung, das k. Staatsärar sei verpflichtet, die zur Verhütung von Unglücksfällen an der Donaubrücke nöthigen Sicherheitsvorrichtungen zu treffen und zu unterhalten, demzufolge auch für eine geeignete Beleuchtung der Brücke zu sorgen. In der Begründung wurde unter Bezugnahme auf die einschlägigen Bestimmungen der Gemeindeordnung sowie auf § 6 der Ministerialbekanntmachung vom 4. Januar 1872 (Reg.-Bl. S. 73) ausgeführt, daß die Herstellung der nöthigen Sicherheitsvorrichtungen an Brücken 2c. nach der Absicht des Gesetzes nur dann den Gemeinden obliege, wenn diese auch zur Herstellung und Unterhaltung der Brücken 2c. verpflichtet seien; im vorliegenden Falle habe unbestritten das Staatsärar die Brückenbaulast zu tragen, und deßhalb obliege demselben auch die Sorge für die fraglichen Sicherheitsvorrichtungen; überdies seien gerade in denjenigen Artikeln der beiden Gemeindeordnungen, welche die k. Regierung in ihrer Entschließung vom 24. Mai l. Js. angeführt habe, alle Verpflichtungen Dritter zur Herstellung 2c. gemeindlicher Einrichtungen ausdrücklich vorbehalten.

Am 18. Juni l. Js. kam in den Einlauf des Stadtmagistrats eine Beschwerde des Regierungsfiskalates, in welcher die k. Regierung, Kammer des Innern, von N um Aufhebung des Magistratsbeschlusses vom 5. Juni l. Js. gebeten wurde, weil

a) die Donaubrücke bei S zur Verbindung einer Staatsstraße diene und im Hinblicke auf Art. 8 Ziff. 34 des Gesetzes über den Verwaltungsgerichtshof ꝛc. vom 18. August 1878 ein verwaltungsrechtliches Verfahren darüber, wie weit die dem Staate obliegende Unterhaltungspflicht an Staatsstraßen und deren Verbindungsgliedern sich erstrecke, von vorneherein ausgeschlossen sei,

b) der Magistrat als Richter in eigener Sache entschieden habe,

c) der Vergleich vom 1. Oktober 1886 lediglich einen Privatrechtstitel bilde und für die Entscheidung einer Verwaltungsbehörde nicht verwertbar sei.

Der Stadtmagistrat S entgegnete am 15. Juli l. Js. auf die ihm mitgeteilte Beschwerde, daß er nicht eine verwaltungsrechtliche Entscheidung habe treffen wollen, sondern daß er eine polizeiliche Verfügung auf Grund polizeilicher Vorschriften erlassen habe; verpflichtet zur Beachtung polizeilicher Vorschriften sei aber auch die Staatsbauverwaltung; da es sich um eine polizeiliche Angelegenheit handle, komme Art. 8 Ziffer 34 des Gesetzes vom 18. August 1878 hier gar nicht in Betracht.

Hierauf wurde unterm 29. August l. Js. von der k. Regierung, Kammer des Innern, von N nach kollegialer Beratung beschlossen, den angefochtenen Magistratsbeschluß außer Wirksamkeit zu setzen und auszusprechen, daß die Stadtgemeinde S verpflichtet sei, für die Beleuchtung der Donaubrücke Sorge zu tragen und die Kosten hiefür zu bestreiten. Diese Entscheidung stützt sich im Wesentlichen auf die bereits in der Regierungs-Entschließung vom 24. Mai l. Js. niedergelegte Begründung und führt weiter aus, daß unter den Sicherungsmitteln, welche die vom Magistrate herangezogene Ministerialbekanntmachung vom 4. Januar 1872 im Auge habe,* offenbar nur bauliche, durch die natürliche Lage oder die augenblickliche Beschaffenheit des Verkehrsweges bedingte Vorkehrungen zu verstehen seien; die Beleuchtung einer Straße oder Brücke aber stehe mit der baulichen Unterhaltung in keinem Zusammenhange; — ob eine vertragsmäßige Verpflichtung des Staatsärars zur Brückenbeleuchtung vorliege, sei nicht von den Verwaltungsbehörden, sondern eventuell von den Gerichten zu entscheiden.

Gegen diese Entschließung erhob der Stadtmagistrat S rechtzeitig, und zwar unterm 11. September l. Js., Beschwerde an den k. Verwaltungsgerichtshof und eventuell zugleich an das k. Staatsministerium des Innern mit der Bitte, unter Aufhebung der angefochtenen Regierungsentschließung auszusprechen, daß die Beleuchtung der Donaubrücke dem Staatsärar obliege. Zur Begründung der Beschwerde ist auf die Ausführungen des Magistratsbeschlusses vom 5. Juni l. Js. und der Beschwerdebeantwortung vom 15. Juli l. Js. Bezug genommen, aus welchen evident erhelle, daß nicht die Stadtgemeinde S, sondern das Staatsärar verpflichtet sei, für die strittige Brückenbeleuchtung zu sorgen, und daß der Stadtgemeinde S durch die angefochtene Entschließung eine gesetzlich nicht gerechtfertigte Last auferlegt werde.

Aufgabe ist, unter entsprechender Begründung darzuthun, wer zur Entscheidung zuständig und wie zu entscheiden ist. (Von der Frage über die Gebührenpflicht der Verhandlungen und die Kosten des Verfahrens kann abgesehen werden.)

I. Probe-Aufgabe
aus der Volkswirtschaft.

1. Welche Entwicklung hat die Arbeiterschutzgesetzgebung im Deutschen Reiche seit Erlaß der Reichsgewerbeordnung genommen?

Welcher Einfluß ist von dieser Gesetzgebung für die wirtschaftliche Lage der Arbeitgeber und der Arbeiterbevölkerung zu erwarten?

2. a) Was versteht man unter Lohn? Welche Arten von Entlohnungen sind in Bayern im Gewerbe, in der Industrie und in der Landwirtschaft üblich? Welche gesetzliche Bestimmungen gelten in Bezug auf die Entlohnung der Arbeiter?

b) Welcher wirtschaftlich bedeutsamer Mittel bedienen sich Arbeitgeber und Arbeiter zur Regelung der Lohnverhältnisse?

Welche öffentlich rechtliche (reichs- und landesrechtliche) Bestimmungen gelten für dieses Gebiet?

c) Nach welchen Richtungen empfehlen sich Maßnahmen

α., des Gesetzgebers

β., der Arbeitgeber,

um der Anwendung wirtschaftlich nachteiliger Mittel (lit. b) entgegenzuwirken?

II. Probe-Aufgabe
aus der Volkswirtschaft.

1. Welche Einrichtungen bestehen in Bayern zur Sicherung des Grenzen des landwirtschaftlichen Grundeigentums?

2. Ist der in Art. 1 des Gesetzes vom 16. Mai 1868, die Vermarkung der Grundstücke betreffend, ausgesprochene Vermarkungszwang als ausreichend zu erachten?

3. Der Bauer A besitzt eine Wiese, an deren nördlicher Grenze sich ein im Eigentum der Gemeinde R befindlicher Graben hinzieht.

A beantragte nun bei der Gemeindebehörde R die Setzung von Marksteinen längst des ganzen Grabens, soweit dessen Sohle die Grenze zwischen seiner Wiese und dem Gemeindeeigentum bilde.

Die Gemeinde R trug Bedenken, diesem Antrage zu entsprechen, und ordnete die in der Gemeinde vorhandenen vier Feldgeschworenen zur Besichtigung der Oertlichkeit ab. Die Feldgeschworenen nahmen diese Besichtigung vor, jedoch ohne den beteiligten Grundeigentümer A hiezu beizuziehen, und erklärten sodann durch ihren Obmann, daß eine Marksteinsetzung überflüssig sei. Zugleich liquidierten sie eine Gesamtgebühr von 3 ℳ 20 ₰ für ihre Bemühung.

Die Gemeindebehörde R legte nun die Verhandlungen dem k. Bezirksamte M zur Bescheidung mit folgenden Ausführungen vor:

Die Gemeinde R müsse sich entschieden weigern, dem Vermarkungsbegehren des A zu entsprechen. Die in Frage kommende Grenze sei nicht bestritten und hinreichend erkennbar. Ein Bedürfnis zur Versicherung derselben sei nicht vorhanden. Ueberdies handle es sich nicht um die Vermarkung eines landwirtschaftlichen Grundstückes, sondern lediglich eines sogenannten Wild- und Fluthgrabens und es könne deshalb der in Art. 1 des Vermarkungsgesetzes vorgeschriebene Vermarkungszwang gegen die Gemeinde nicht Platz greifen. Endlich könnten an dem steilen Rande des Grabens, der durch Ueberschwemmungen hin und wider Beschädigungen erleide, die herkömmlichen Marksteine kaum in dauerhafter Weise angebracht werden.

Der nochmals einvernommene Bauer A erklärte hiegegen, daß in früherer Zeit die Grenze zwischen seiner Wiese und dem Bach durch 14 Marksteine versichert gewesen, welche inzwischen durch Ueberschwemmungen zerstört worden seien.

Der vom k. Bezirksamte zur gutachtlichen Aeußerung veranlaßte Bezirksgeometer bemerkte in seiner Rückäußerung, daß ein Zweifel über den Grenzzug nicht bestehe und „daß die Fixierung der Grenze vergebliche Mühe wäre."

Es ist erstinstanzieller Beschluß mit Entscheidungsgründen zu entwerfen.

I. Frage
aus der Staatsfinanzwirtschaft.

In welchen wesentlichen Punkten unterscheidet sich das in Bayern bestehende System der Bierbesteuerung von dem nach dem Reichsgesetze vom 31. Mai 1872 (R.=G.=Bl. S. 153) geltenden Bierbesteuerungs=Systeme?

Welche Gründe sprechen für oder gegen das eine und das andere System?

II. Frage
aus der Staatsfinanzwirtschaft.

Welche von dem gemeinen Rechte abweichende Bestimmungen gelten in Bayern für die Verjährung der Forderungen des Staates und der Forderungen an den Staat? Welche Verjährungsfristen bestehen hienach in Bayern für solche Forderungen und welches sind die Voraussetzungen für den Lauf dieser Fristen?

Welche Erwägungen lassen die Abkürzung der Verjährungsfristen für die gedachten Forderungen, wie solche dermalen in Bayern besteht, veranlaßt oder nicht veranlaßt erscheinen?

Praktischer Fall
aus dem Gebiete der inneren Verwaltung.

In dem Pfarrdorfe A der katholischen Pfarrei A, welche die Gemeinde A mit 1050 Seelen und die Ortschaft B mit 510 Seelen von der Gemeinde C umfaßt, wurde bislang der um die Pfarrkirche herumliegende, eingefriedete Kirchhof, der im Eigentume der Kirchenstiftung von A steht, als Begräbnisstätte benützt.

In der Voraussicht, daß der Kirchhof bald zu beschränkt werden möchte, wurde im Jahre 1885, da sich gerade sehr günstige Gelegenheit bot, von der Kirchenverwaltung A dem Bierbrauer Kurz in A ein mit dem Kirchhofe zwar nicht zusammenhängendes, aber nur 20 Meter davon entferntes Grundstück Pl. Nr. 30 abgekauft und der Kauf am 1. Mai 1885 vor dem Notare List in X beurkundet.

Die Unzulänglichkeit des Kirchhofes machte sich auch in Bälde fühlbar und mit Verfügung vom 1. März 1889 eröffnete das k. Bezirksamt X an die Kirchenverwaltung A, daß der Kirchhof sichtlich zu klein und eine Abhilfe geboten sei.

Nach Beschluß vom 10. März 1889 berichtete die Kirchenverwaltung A: Sie gebe die Unzulänglichkeit des Kirchhofes zu; eine Erweiterung desselben sei jedoch in unmittelbarster Umgebung nicht möglich; die Kirchenverwaltung habe deshalb vor einigen Jahren schon das Grundstück Pl. Nr. 30 ganz nahe dem Kirchhofe zu einer weiteren Fläche für Beerdigungen erworben; allein die Kirchenstiftung besitze keine Mittel, das Grundstück zu Friedhofszwecken anzulegen.

Diese Vorlage der Kirchenverwaltung A schloß das Bezirksamt X mit Randverfügung vom 15. März 1889 der Gemeindeverwaltung A mit dem Bemerken zu, daß bei nachgewiesener Leistungsunfähigkeit der Kirchenstiftung die Begräbnisgemeinde über die Friedhoferweiterung und die Kostendeckung Beschluß zu fassen habe.

Der Bürgermeister von A ließ Projekt und Kostenanschlag fertigen, berief dann alle mit Steuer angelegten selbständigen männlichen Einwohner der Gemeinde A und der Ortschaft B auf den 1. April 1889 in das Gemeindelokal von A zusammen und in dieser Versammlung, wozu von 160 Geladenen 120 erschienen, wurde mit 100 gegen 20 Stimmen beschlossen:

Es sei auf dem Grundstücke Pl. Nr. 30 der Kirchenstiftung A nach vorliegendem Projekte und Kostenanschlage ein ummauerter Friedhof anzulegen, der Kostenbedarf zu 5000 ℳ durch eine in Jahresfristen von 300 ℳ zu verzinsende und zu tilgende Anleihe zu decken, die jeweilige Jahresfrist aber durch Umlagen in der Begräbnisgemeinde aus deren Gesamtsteuersoll von 3340 ℳ aufzubringen.

Die Kirchenverwaltung A erklärte sich am 5. April 1889 mit diesem Beschlusse einverstanden und nachdem von amtsärztlicher und bautechnischer Seite keine Erinnerung bestand, erging von dem k. Bezirksamte X an die Gemeindeverwaltung und die Kirchenverwaltung in A Bescheid vom 30. April 1889 dahin, daß die Friedhoferweiterung in A nach vorgelegtem Projekte und Kostenanschlage genehmigt werde.

Sofort wurden von dem Bürgermeister und dem Kirchenverwaltungsvorstande zu A die Arbeiten in Akkord vergeben und bis 1. Oktober 1889 war die neue Friedhofanlage fertig.

Zur Deckung der Kosten wurden von der Gemeindeverwaltung A bei der Distriktssparkasseverwaltung in X 5000 ℳ zu 4% aufgenommen und an den Akkordanten ausbezahlt.

Bei Aufstellung der Voranschläge für 1890 wurde in der Gemeinde A und in der Gemeinde C die Umlage für den Friedhof in A entsprechend aufgenommen; im Voranschlage der Gemeinde C wurde jedoch nach Beschluß des Gemeindeausschusses vom 20. November 1889 dazu ausgesprochen, daß diese Umlage von der Ortschaft B allein aufzubringen sei; Erinnerungen zu dem Voranschlage der Gemeinde C kamen nicht ein und von dem Bezirksamte X blieb der Voranschlag unbeanstandet.

Als jedoch im August 1890 zum erstenmale die Friedhofumlage in der Ortschaft B erhoben wurde, kam es zu einer Beanstandung.

In der Ortschaft B befindet sich nämlich ein größeres Landgut und dieses Gut ging nach notariellem Kaufvertrage vom 1. Juli 1890 von dem seitherigen katholischen Besitzer Leicht auf den protestantischen Bankier Grau von Stadt F über, der das Gut durch den katholischen Verwalter Grün bewirtschaften läßt und mit seiner Familie nur zeitweise auf dem Gute in B sich aufhält.

Als nun der Gemeindeeinnehmer von C am 5. August 1890 dem Verwalter Grün 20 ℳ als Friedhofumlage des Gutes in B zur Gemeinde C und beziehungsweise A abforderte, schrieb der Verwalter nach Benehmen mit Bankier Grau zurück, daß dieser von einer Verpflichtung zur Zahlung einer solchen Umlage sich nicht überzeugen könne und deshalb die Zahlung verweigere.

Auf diese Zuschrift vom 10. faßte am 15. August 1890 der Gemeindeausschuß C Beschluß dahin:

Es sei Bankier Grau, nachdem der neue Friedhof in A von der Begräbnisgemeinde A hergestellt worden sei und die Ortschaft B zu dieser gehöre, schuldig, nach Maßgabe der vom Gute in B zu entrichtenden Steuer von 222 ℳ eine Umlage von 20 ℳ für 1890 zur Verzinsung und Tilgung der Friedhofschuld zu zahlen.

Dieser Beschluß wurde am 20. August 1890 durch den Gemeindediener dem Verwalter Grün zugestellt, welcher das Schriftstück lediglich in sein Pult verschloß. Am 20. September 1890 schickte der Bürgermeister von C dem Bankier Grau direkt eine Mahnung mit Androhung der Zwangsbeitreibung zu, worauf letzterer den Rechtsanwalt Lang zu seiner weiteren Vertretung in der Sache bevollmächtigte. Dieser reichte gegen den Beschluß der Gemeindeverwaltung C vom 15. August am 1. Oktober eine Beschwerde vom 25. September 1890 bei dem k. Bezirksamte X ein und führte darin aus: Bankier Grau halte sich nur zeitweise im Jahre mit der Familie auf seinem Gute in B auf und könne deshalb gar nicht als Mitglied der Begräbnisgemeinde A betrachtet und behandelt werden; überdies sei seine ganze Familie protestantisch und werde er sich gegebenen Falls zu der benachbarten protestantischen Pfarrei N und dem dort befindlichen Kirchhofe halten; es werde deshalb um Aufhebung des gemeindlichen Beschlusses gebeten.

Die Gemeindeverwaltung C, welcher diese Beschwerde zuging, gab — verbeistandet durch einen Rechtsanwalt — Erklärung vom 15. Oktober 1890 dahin ab: Die Beschwerde des Bankier Grau sei vor allem verspätet und müsse deshalb schon zurückgewiesen werden; im Übrigen sei die Gemeindeverwaltung C eigentlich nur sehr untergeordnet an der Sache beteiligt, da ein Entgang der Umlage von dem Gute in B zunächst die Gemeinde A als Hauptbestandteil der Begräbnisgemeinde A berühre.

Abgesehen aber hievon müsse festgehalten werden, daß es sich bei der neuen Friedhofanlage in A um eine Gemeindesache handle; die Gemeinden hätten für die Begräbnisplätze zu sorgen und nachdem die Ortschaft B den neuen Friedhof in A gemeinschaftlich mit der Gemeinde A besitze, müsse erstere nach der Gemeindeordnung auch dazu beitragen; es sei auch die Friedhofumlage der Ortschaft B im Voranschlage der Gemeinde C für 1890 richtig durchgeführt und von keiner Seite eine Erinnerung dagegen erhoben worden; die Beschwerde des Bankier Grau sei deshalb auch unbegründet und zu verwerfen.

Pfarramt und Kirchenverwaltung A, welche von dem Bezirksamte nun einvernommen wurden, äußerten unterm 1. November 1890:

Dem Standpunkte des Bankiers Grau müsse durchaus beigepflichtet werden; es handle sich hier lediglich um eine

Erweiterung des alten Kirchhofes; die neue Anlage befinde sich auf Eigentum der Kirchenstiftung und sei selbst Eigentum der letzteren; nur weil diese keine eigenen Mittel mehr dafür besaß, hatte die Kirchengemeinde A, welche auch die Begräbnisgemeinde bilde, dafür einzustehen; die Durchführung der Friedhofumlage in den Voranschlägen der Gemeinden A und C könne den Rechten der Kirchenstiftung nicht vorgreifen und sei die Kirchenverwaltung bereit, Schuld und Umlage für die Kirchhoferweiterung auf ihr Kassa- und Rechnungswesen zu übernehmen.

Im Übrigen selbst wenn die Friedhofumlage nicht auf die Kirchengemeinde, sondern auf die einschlägigen politischen Gemeinden sich bezöge, so stünde nur eine freiwillige Leistung der letzteren an Stelle der Kirchenstiftung in Frage; an dem rechtlichen Charakter der neuen Friedhofanlage könne sich damit nichts ändern.

Außerdem sei die Kirchen- und beziehungsweise Begräbnisgemeinde A rein katholisch und der Kirchhof ausschließlich für die Katholiken bestimmt; Bankier Grau stehe dazu in keinerlei Beziehung und nachdem er solche selbst nicht geltend mache, werde er allerdings auch zur Friedhofumlage nicht herangezogen werden können.

Die Gemeindeverwaltung A ließ auf Verfügung des k. Bezirksamtes X vom 5. unterm 20. November 1890 vernehmen: Die Herstellung von Begräbnisplätzen sei Sache der Gemeinden und deshalb sei von der Gemeinde A in Gemeinschaft mit der Ortschaft B der neue Friedhof in A auf ihre Kosten angelegt worden; dieser sei daher auch Eigentum der Begräbnisgemeinde als politischer Körperschaft, nicht aber der Kirchengemeinde oder der Kirchenstiftung; wenn die Kirchenverwaltung den Platz Pl. Nr. 30 zu dem Friedhofe überlassen habe, so ändere dies an dem Rechte der Gemeinde nichts und im Übrigen habe die Kirchenverwaltung, soviel bekannt, gar keine Kuratelgenehmigung zu dem Kaufe des Platzes Pl. Nr. 30 besessen; der Kauf sei deshalb ohnehin rechtsungiltig und Bierbrauer Kurz dahin erbötig, sein Grundstück Pl. Nr. 30 nachträglich an die Begräbnisgemeinde A käuflich abzulassen und der Kirchenstiftung A den gezahlten Kaufpreis rückzuersetzen; wegen der Gebühren und sonstigen Nachteile aus dem Kaufe aber möge sich die Kirchenverwaltung an den k. Notar List in X halten, der ohne Kuratelgenehmigung den Kauf nicht hätte beurkunden sollen.

Die Friedhofumlage sei sonach eine reine Gemeindeumlage, zu welcher Bankier Grau nach seiner Steueranlage in Gemeinde C und bezw. Ortschaft B ebenfalls beizutragen habe; im Übrigen sei die Vertretung dieser Frage Sache der Gemeinde C, zu welcher die Ortschaft B gehöre.

Dieser Erklärung gegenüber beharrten Pfarramt und Kirchenverwaltung A in Äußerung vom 10. Dezember 1890 auf ihren Standpunkte mit dem Anfügen: Allerdings hätte wegen der gebotenen Dringlichkeit zu dem Kaufe des Grundstückes Pl. Nr. 30 eine Genehmigung damals nicht eingeholt werden können; das könne aber auch nachträglich noch geschehen und im Übrigen habe bereits die Rechnung 1885 jenen Kauf mit dem Kaufpreise ausgewiesen und sei jene Rechnung bei der Prüfung in diesem Punkte unbeanstandet geblieben, womit die Genehmigung dazu erteilt erscheine.

Zu diesen Verhandlungen gab Rechtsanwalt Lang weitere Erklärung vom 20. Dezember 1890 dahin ab:

1. Gleichviel ob es sich bei der Friedhofumlage in B um eine Kultus- oder um eine Gemeindeumlage handle, könne Bankier Grau als Protestant niemals zu Umlagen für den katholischen Friedhof in A, zu dem er keinerlei Beziehung habe, herangezogen werden; er halte sich zu dem Friedhofe seiner Konfession in N, wohin er auch zu zahlen bereit sei.
2. Wäre aber auch Grau — wie nicht — an sich umlagenpflichtig zu dem Friedhofe in A, so müßte er die Umlage gleichwohl verweigern; zur Anlage von Friedhöfen sei nach der Formationsverordnung Genehmigung der k. Kreisregierung notwendig; solche läge aber für

den Friedhof in A nicht vor, weshalb für die Kosten zunächst lediglich diejenigen einzutreten hätten, welche eigenmächtig damit vorgegangen sind.

3. Abgesehen hievon sei die Friedhofanlage und die Kostendeckung in einer Versammlung der Begräbnisgemeinde d. i. von der Gemeinde A unter Zuziehung der Ortschaft B beschlossen worden; solche Beschlußfassung sei der Gemeindeordnung fremd und könne der fragliche Beschluß überhaupt keine Giltigkeit haben.
4. Weiter noch müßte, wenn die Friedhofanlage in A den Gemeinden oblag, die ganze Gemeinde C für den auf B treffenden Kostenteil einstehen und nachdem der Voranschlag der Gemeinde C für 1890 ohne Umlagenerhebung mit 200 ℳ Mehreinnahme abschließe, könne in B eine Umlage überhaupt nicht erhoben werden; eine Ausscheidung nach Ortschaften sei für derartige Gemeindezwecke nirgends im Gesetze begründet.
5. Wenn der Besitzvorfahrer gegen den Voranschlag der Gemeinde C in Bezug auf die Friedhofumlage in B keine Erinnerung erhoben habe, so könne das doch dem Bankier Grau nicht schaden; letzterer könnte namentlich für die auf die Zeit vom 1. Januar bis 1. Juli 1890 treffende Umlagenrate unter keinen Umständen haftbar gemacht werden.
6. Von einer Versäumnis der Beschwerdefrist schließlich könne keine Rede sein, da Verwalter Grün zur Empfangnahme von Schriften für Bankier Grau keinerlei Vollmacht besitze.

Aus all diesen Gründen werde wiederholt die Aufhebung des Gemeindeverwaltungsbeschlusses vom 15. August 1890 beantragt.

Dieser Erklärung legte Rechtsanwalt Lang eine „Bestätigung des protestantischen Pfarramtes und der protestantischen Kirchenverwaltung N vom 10. Dezember 1890" bei, wonach „dem Bankier Grau mit seiner Familie der Anschluß an den Kirchhof in N gewährt und seinem Gesuche gemäß auch bereits ein passender Platz an der Kirche als künftige Familiengrabstätte überlassen wurde."

Die Gemeindeverwaltung C brachte unterm 2. Januar 1891 dagegen noch vor:

1. Wenn der Beschluß vom 15. August 1890 in Abwesenheit des Bankiers Grau und seiner Familie auf seinem Gute in B dem Verwalter zugestellt wurde, so sei solche Zustellung statthaft und korrekt und liege sonach allerdings Versäumnis der Beschwerdefrist vor.
2. Die auf B treffende Friedhofumlage sei von der Gemeindeverwaltung A ausdrücklich als Gemeindeumlage bezeichnet worden und könne deshalb von Gemeindeverwaltung C auch nur als solche eingehoben werden; ob im übrigen der neue Friedhof in A gemeindliches Eigentum und gesetzmäßig angelegt sei, habe Gemeindeverwaltung C nicht zu vertreten.
3. Die Angabe über den Voranschlag der Gemeinde C für 1890 sei zwar richtig; allein in der Begräbnisgemeinde C werde der den Gemeinden gehörige Friedhof in C seit unvordenklichen Zeiten, auch wenn Umlagen erhoben wurden, stets ohne Zuziehung der Ortschaft B unterhalten; letztere habe deshalb auch für den Friedhof in A allein und ohne die übrige Gemeinde C beizutragen, was B auch nicht bestreite.
4. Der vorige Besitzer des Gutes in B, der jetzige Rentner Leicht in Stadt M, habe bei seinem Abzuge noch auf Zuredestellung wegen der Friedhofumlage in B seinen Kaufvertrag mit Bankier Grau vom 1. Juli 1890 vorgewiesen, wonach „Verkäufer Leicht vom Tage der Kaufsbeurkundung an keinerlei weitere welch Namen immer habende öffentliche Abgabe vom Gute mehr zu entrichten habe"; im übrigen werde, wenn das Gesetz anders bestimmen sollte, gebeten, den Rentner Leicht entsprechend zur Umlagenzahlung zu verhalten. Mit Bezug auf Ziff. 3 der Schrift des Rechtsanwaltes Lang vom 20. Dezember 1890 legte Bürgermeister

von C, da nach seiner Erhebung bei der Versammlung vom 1. April 1888 in A nur 20 Ortsbürger von B anwesend waren, den nach Ladung der sämtlichen 45 Ortsbürger veranlaßten Beschluß einer Ortsversammlung in B vom 30. Dezember 1890 bei, den die erschienenen 30 Ortsbürger mit 40 Stimmen — unter den 45 Ortsbürgern mit 55 Stimmen — einmütig unterschrieben und der dahin lautete: Es sei an dem Beschlusse in A vom 1. April 1889 festzuhalten; die Ortschaft besitze auch keine anderen Deckungsmittel als Umlagen und hätten auch schon alle bis auf Bankier Grau für 1890 gezahlt.

Diesem Beschlusse fügte Bürgermeister von C bei, daß Bankier Grau noch kein Bürgerrecht in Gemeinde C besitze und deshalb zur Ortsversammlung vom 30. Dezember 1890 weder geladen noch vertreten war.

Der noch einvernommene Rentner Leicht berief sich mit Erklärung vom 20. Januar 1891 auf seinen Kaufvertrag mit Bankier Grau vom 1. Juli 1890, wonach er für keinerlei Abgaben oder Umlagen von dem Gute in B mehr aufzukommen habe; im Uebrigen sei er ohnehin mit der Friedhofanlage in A niemals einverstanden gewesen und müsse heute noch deren Notwendigkeit und Zweckmäßigkeit bestreiten; auch sei die Schuldaufnahme hiefür seines Wissens nicht genehmigt und müsse er nach all' dem jede Umlagenforderung zurückweisen.

Auf Grund dieser Aktenlage erließ nun das k. Bezirksamt X Beschluß vom 10. Februar 1891 dahin:

1. Der Beschluß der Gemeindeverwaltung C vom 15. August 1890 sei aufzuheben und habe
2. die Gemeindeverwaltung C die Kosten zu tragen, wobei jedoch eine Gebühr für den Beschluß nicht erhoben werde und die Auslagen auf Vertretung von jeder Partei selbst zu bestreiten seien, und zwar unter nachstehenden Erwägungen:

a) Der Gemeindeverwaltungsbeschluß vom 15. August 1890 ist als Beschluß in eigentlichen Gemeindeangelegenheiten aufzufassen; allein dessen Zustellung an Verwalter Grün, der eine Vollmacht nicht besitzt, kann die Zustellung an Bankier Grau nicht ersetzen und ist deshalb des letzteren Beschwerde keineswegs verspätet.

b) Die Friedhofanlage von A wurde mit bezirksamtlichem Bescheide vom 30. April 1889 genehmigt; nachdem dieser Bescheid von keiner Seite damals angefochten wurde, ist derselbe rechtskräftig und keine weitere Anfechtung mehr zulässig.

c) Der neue Friedhof in A bildet einen selbständigen Begräbnisplatz und deshalb allerdings eine gemeindliche Anlage; der Kauf der Pl. No. 30 durch die Kirchenverwaltung A ist, nachdem eine Genehmigung dazu weder erholt noch erteilt wurde und die Nicht-Beanstandung des verrechneten Kaufpreises jene nicht ersetzen kann, als rechtsungiltig zu betrachten und bleibt einerseits der Kirchenverwaltung A überlassen, sich mit den Beteiligten darüber abzufinden, anderseits der Kuratelbehörde vorbehalten, die Kirchenverwaltungsmitglieder für jeden Schaden der Stiftung haftbar zu machen.

Die Beschlüsse der Begräbnisgemeinde A und bezw. der Gemeindeversammlung A und der Ortschaft B über die Schuldaufnahme für den Friedhof werden, nachdem dies bis jetzt noch nicht geschehen, hiemit nachträglich staatsaufsichtlich genehmigt.

d) Nachdem es hienach um eine Gemeinde- und nicht um eine Kultusumlage sich handelt, kommt es nicht weiter darauf an, ob Bankier Grau in B wohnhaft ist; er hätte schon auf Grund seiner Steueranlage in B beizutragen; allein § 84 der Beilage II zur Verfassungsurkunde sagt: „Religionsverwandte einer öffentlich aufgenommenen Kirche, welche keine eigene

Gemeinde bilden, können sich zu einer entfernten Gemeinde ihres Glaubens innerhalb der Grenzen des Reiches halten"; dem Bankier Grau als Protestanten steht es demnach zu, sich zur protestantischen Pfarrei N zu halten und nachdem er solches für seine Familie in Bezug auf das Begräbnis mit Pfarramt und Kirchenverwaltung N bereits geordnet hat, kann er zu einer Friedhofumlage in B nicht weiter pflichtig sein.

e) Die Frage, ob Rentner Leicht für die Friedhofumlage vom Gute in B bis 1. Juli 1890 einzustehen habe, ist, da es sich zunächst nur um den von Bankier Grau angefochtenen Gemeindeverwaltungsbeschluß vom 15. August 1890 handelt, eigentlich gegenstandslos; im Uebrigen hat Leicht nach dem vorgelegten Kaufvertrage vom 1. Juli 1890 für öffentliche Abgaben vom Gute in B nicht weiter aufzukommen und nachdem Verträge bekanntlich auch auf dem Gebiete der Verwaltung und in öffentlich rechtlichen Angelegenheiten vorkommen und Geltung haben, kann Leicht für die mit der Einhebung im August 1890 fällig gewordene Umlage von dem Gute in B nicht in Anspruch genommen werden.

f) Wenn zu der im Voranschlage der Gemeinde C für 1890 durchgeführten Friedhofumlage von B in der gesetzlichen Auflagefrist keine Erinnerung erhoben wurde, so steht jene Umlage damit allerdings im Allgemeinen fest und kann insbesondere jetzt nicht mehr durch das Eingelenke, als seien die auf B betreffenden Friedhofkosten von der ganzen Gemeinde C zu tragen, in Frage gestellt werden; dagegen war mit jenem Voranschlage die Umlagenpflicht im Einzelnen noch nicht festgestellt, weshalb er dem Bankier Grau nicht entgegensteht.

g) Nach all' dem ist der Gemeindeverwaltungsbeschluß vom 15. August 1890 als gesetzwidrig aufzuheben und hat die Gemeindeverwaltung C als unterliegender Teil die Kosten des Verfahrens — mit Ausnahme jener für Parteivertretung, welche jeder Teil selbst zu bestreiten hat — zu tragen; bei dem staatsaufsichtlichen Charakter der Verhandlungen ist jedoch eine Gebühr nicht zu erheben.

Ausfertigung dieses Beschlusses wurde am 22. Februar 1891 den Gemeindeverwaltungen A und C, der Kirchenverwaltung A sowie dem Rechtsanwalte Lang und dem Rentner Leicht zugestellt.

Am 1. März 1891 kam dagegen bei dem k. Bezirksamte X Beschwerde der Gemeindeverwaltung C ein mit der Ausführung: Die Aufhebung ihres Beschlusses vom 15. August 1890 entspreche weder formell noch materiell dem Gesetze; der § 84 der II. Verfassungsbeilage schlage sicherlich auf den vorliegenden Fall nicht ein; solange Bankier Grau mit seiner Familie nicht förmlich der Pfarrei N zugeteilt werde, sei bei Todesfällen in seiner Familie auf dem Gute in B der Friedhof in A der ordnungsgemäße Ort der Beerdigung, den er nach dem Polizeistrafgesetze nicht willkürlich ignorieren könne; Pfarramt und Kirchenverwaltung N seien für eine Zulassung des Bankier Grau zum Friedhofe in N auch gar nicht zuständig, nachdem der Kirchhof in N zwar Eigentum der Kirchenstiftung oder Kirchengemeinde sei, die für dessen Benützung maßgebende Friedhofordnung aber von der Gemeindeverwaltung N erlassen sei und gehandhabt werde.

Auch die Ueberbürdung der Kosten auf die Gemeindeverwaltung C scheine nicht gerechtfertigt und müsse wiederholt hervorgehoben werden, daß sachlich eigentlich die Begräbnisgemeinde A und bezw. die Ortschaft B die Beteiligten seien; die k. Regierung, Kammer des Innern, wolle deshalb den bezirksamtlichen Beschluß aufheben und den Bankier Grau oder bezw. den Rentner Leicht zur Umlagenzahlung und Kostentragung verhalten.

Zu dieser Beschwerde bemerkte die Gemeindeverwaltung A bei: Sie schließe sich der Beschwerde an, insoweit darin die Zugehörigkeit des Gutes in B zum Begräbnisbezirke von A und die Umlagenpflichtigkeit des Bankier Grau und bezw. Rentners Leicht zum Friedhofe von A in Anspruch genommen sei.

Von der Kirchenverwaltung A lief bei dem Bezirksamte X am 9. März 1891 eine Beschwerde ein, welche hervorhob: Der kirchliche Charakter des Friedhofes und seiner jüngsten Erweiterung in A wie auch der Friedhofumlage in A und B müsse festgehalten werden; die Entscheidung über die Eigentumsfrage stehe überhaupt endgiltig wohl nur dem Gerichte und nicht der Verwaltungsbehörde zu; das k. Bezirksamt habe deshalb mit Unrecht die Friedhoferweiterung in A als gemeindliche Anlage erklärt und behandelt.

Diese Beschwerden wurden den anderweitigen Beteiligten zur Wahrung ihrer Interessen in Abschrift zugeschlossen, worauf Rechtsanwalt Lang am 20. März 1891 „Gegenvorstellung" bei dem kgl. Bezirksamte X dahin anbrachte, daß er der Beschwerde der Gemeindeverwaltungen A und C gegenüber auf seinen früheren Ausführungen und Anträgen beharren müsse; sollte aber die Beschwerdeinstanz gleichwohl eine Umlagenpflicht des Bankier Grau annehmen, so könne solche auf keinen Fall über den 1. Juli 1890 sich zurückerstrecken; außerdem sei es allgemeine Rechtsregel, daß der unterliegende Streitgegner die Kosten des Verfahrens tragen müsse, und bestehe im vorliegenden Falle keinerlei Grund, die Vertretungskosten davon auszunehmen; er bitte deshalb die kgl. Regierung, in seinem Sinne zu erkennen.

Zu dieser Vorstellung des Rechtsanwaltes Lang erklärte Rentner Leicht, dem eine Abschrift davon zugeschlossen wurde, unterm 1. April 1891 an das k. Bezirksamt X: Bezüglich der Umlagen über den 1. Juli 1890 zurück sei, nachdem Rechtsanwalt Lang nicht rechtzeitig Beschwerde erhob, der bezirksamtliche Beschluß vom 10. Februar 1891 bereits rechtskräftig; im Uebrigen müsse er auf seinen Bedenken gegen die Friedhofanlage in A überhaupt beharren und beantrage, daß die k. Regierung zunächst über die Notwendigkeit und

Zweckmäßigkeit der Friedhoferweiterung von 1889 sowie der Schuldaufnahme dazu in seinem Sinne befinde und die Begräbnisgemeinde A mit jeglicher Umlagenerhebung dafür zurückweise.

Am 5. April 1891 legte das k. Bezirksamt X sämmtliche Akten an die k. Regierung von Z, Kammer des Innern, vor, wo sie zunächst in das Kreismedizinal- und das bezügliche Kreisbaureferat geleitet wurden; ersteres äußerte: Die Friedhoferweiterung in A hätte, wenn eine strengere Ordnung in der Reihenfolge der Gräber und weniger Raumverschwendung im alten Kirchhofe bestünde, allerdings um 6—8 Jahre noch hinaus gezogen werden können und im Uebrigen könne die neue Friedhofanlage in A wegen der Nähe des Hauptbrunnens im Orte nicht gutgeheißen werden; das Kreisbaureferat erinnerte, daß an der Nordseite des neuen Friedhofes nach der dortigen Bodengestaltung unbedingt einige Stützmauern hätten angebracht werden sollen.

Außerdem wurden seitens der kgl. Regierung noch folgende Ergänzungen zu den Akten gebracht:

a) Das bischöfliche Ordinariat R äußerte, daß seinerseits der Standpunkt des Pfarramtes und der Kirchenverwaltung in A geteilt werde, und das protestantische Konsistorium S erklärte, daß gegen den Anschluß des Bankiers Grau mit Familie an die protestantische Begräbnisgemeinde N keine Erinnerung bestehe.

b) In einer Ortsversammlung zu B wurde von 30 unter den 45 geladenen Ortsbürgern am 1. Mai 1891 beschlossen, den Beschwerden der Gemeindeverwaltung C und A vom 1. März 1891 in der Hauptsache beizutreten. Außerdem wurde konstatiert, 1., daß die Ortschaft B eine besondere Markung und an Vermögen einen eigenen Wald besitzt, dessen Ertrag indeß unter die Ortsbürger verteilt wird, 2., daß in der Ortschaft B ein besonderer Ausschuß nicht gewählt ist, 3., daß das Steuersoll von B 1110 ℳ und die Steuer der 5 Höchstbesteuerten 360 ℳ beträgt.

c) Aus den eingeholten Rechnungen der Gemeinde C, welche bis 1802 vorhanden waren, geht hervor, daß der katholische Friedhof in C — und zwar zwischen 1806 —1880 des Oefteren unter Erhebung besonderer Beiträge oder Umlagen — stets von der Gemeinde C ohne Beiziehung von B unterhalten wurde.

Auf Grund dieser Aktenlage ist nun der Regierungs-Bescheid — sei es als Bureau-Entschließung oder als Kollegialbeschluß oder als Senatsbescheid — mit Entscheidungsgründen auszuarbeiten; soferne Senatsbescheid für nötig erachtet wird, ist vorauszusetzen, daß nach Vorschrift öffentlich mündliche Verhandlung stattgefunden und dabei nichts Neues zur Sache sich ergeben hat.

Spezielle Aufgaben

für die

Rechtspraktikanten

in der

Pfalz.

1891.

I. Aufgabe
aus dem Zivilrechte.

Die großjährige Maria Guth, Ehefrau von Karl Bauer, Wirt in Lachen, vermachte mittels notariellen Testaments ihrem Ehemanne ihr ganzes Vermögen, soweit sie darüber verfügen konnte, zu Eigentum und den nicht verfügbaren Teil zur lebenslänglichen kautionsfreien Nutznießung. Dieselbe starb kinderlos unterm 3. Januar 1888 an ihrem Wohnorte Lachen mit Hinterlassung ihrer in Forst wohnenden Eltern Jakob Guth und Christine Reiß. Ersterer folgte Ende desselben Monats seiner Tochter im Tode nach und hinterließ eine weitere 19jährige Tochter Anna Guth als seine einzige Erbin. Bei der alsdann gerichtlich verordneten Teilung der zwischen den gewesenen Eheleuten Bauer bestandenen Gütergemeinschaft und des Nachlasses der Ehefrau Bauer unter den Beteiligten d. i. dem Witwer Karl Bauer, der Witwe Guth und deren inzwischen für emanzipiert erklärten Tochter Anna Guth, diese hiebei handelnd unter Assistenz ihres ernannten Kurators Franz Stolz, Lehrer in Forst, vor dem mit diesem Geschäfte beauftragten k. Notar N in Neustadt a/H. wurde im Vollzuge des letzten Willens der Erblasserin, welcher in der am 4. Mai 1888 errichteten bezüglichen Urkunde im wesentlichen wörtlich wiedergegeben wurde, die eine Hälfte ihres nur in einer Ersatzforderung an die eheliche Gütergemeinschaft bezw. bei deren Überschuldung an ihren Ehemann bestehenden reinen Nachlaßvermögens von 8000 ℳ, also 4000 ℳ dem Letzteren zu eigen und die andere Hälfte mit 4000 ℳ zur „lebenslänglichen kautionsfreien Nutznießung", davon aber je ein Vierteil mit 2000 ℳ der Wittwe Guth und der Anna Guth zu eigen und zwar zunächst und bis zum Ableben des Karl

Bauer zum nackten Eigentume überwiesen. Die Teilungsurkunde wurde laut Konstatierung an deren Schlusse von sämtlichen Beteiligten ihrem ganzen Inhalte nach gutgeheißen und unterzeichnet, darauf vom Notare dem Staatsanwalte beim k. Landgerichte Frankenthal eingesandt und von letzterem Beamten diesem Gerichte mit Antrag auf deren Bestätigung vorgelegt. Das Gericht versagte jedoch mittels Beschlusses vom 2. Juni 1888 die Genehmigung mit der kurzen Begründung, daß die Befreiung des Karl Bauer von der Kautionsleistung nicht nur dem Interesse der Minderjährigen, sondern auch dem Gesetze zuwiderlaufe. Daraufhin beruhte die Angelegenheit längere Zeit.

Im November 1890 starb auch die Witwe Guth und hinterließ als einzige Erbin ihre genannte Tochter Anna Guth. Diese verehelichte sich danach mit ihrem gewesenen Kurator Franz Stolz ohne Errichtung eines Ehevertrags. Letzterer stellte nun an Karl Bauer, dessen Geschäft ihm in Rückgang zu kommen schien, das Ansinnen, zur Sicherung der dereinstigen Restitution der beiden gedachten Erbteile der verlebten Eltern Guth von je 2000 ℳ einen zahlfähigen Bürgen zu stellen oder Realkaution zu leisten oder aber den Betrag von 4000 ℳ an ihn zu zahlen gegen seine eigene Verpflichtung, diesen Betrag wo Rechtens zu hinterlegen und die jährlichen Zinsen daraus mit 5 % an ihn, Bauer, jeweilig pünktlich abzuführen oder auch auf seinen etwaigen Wunsch ihn zur direkten Erhebung dieser Zinsen zu ermächtigen. Da Bauer sich weigerte, diesem Verlangen nachzukommen, so erhob Franz Stolz gegen denselben Klage zum genannten Gerichte auf Verurteilung desselben im Sinne des vorstehenden Begehrens, indem er in der (gehörig formulierten) Klageschrift hauptsächlich geltend machte, es habe die Testiererin Ehefrau Bauer durch Entbindung ihres Ehemanns von der Kautionsleistung ihre Befugnisse überschritten und sei das Kautionsbegehren daher gesetzlich gerechtfertigt.

Der Beklagte bestritt die Klage als unzulässig, weil die bei Beteiligung der emanzipierten Minderjährigen unter

Beistand ihres Kurators vorgenommene und mit allseitiger Genehmigung abgeschlossene Teilung gemäß Art. 840 c. c. sofort mit deren Abschluß definitiv geworden sei, nachdem hiebei die vom Gesetze in den vorhergehenden Artikeln vorgeschriebenen Förmlichkeiten beobachtet worden seien und deshalb keine Kontestationen mehr erhoben werden könnten, jedenfalls nicht von Franz Stolz als einem Nichterbberechtigten; aber auch als unbegründet, weil ihm, Beklagter, die Kautionspflicht im Testamente ausdrücklich erlassen worden sei, Witwe und Anna Guth und mit dieser der heutige Kläger aber jedenfalls durch die vorbehaltslose Genehmigung des Teilungsaktes auf ihr etwaiges Recht, Kaution zu verlangen, verzichtet hätten, ein derartiger Verzicht oder besser die einfache Erklärung von solcher nebensächlichen Befugnis keinen Gebrauch zu machen, die Substanz des — zudem nur mobiliären — Gegenstandes der Nutznießung nicht berühre, vielmehr eine bloße Verwaltungshandlung darstelle, die auch ein emanzipierter Minderjähriger vorzunehmen befugt sei.

Kläger suchte sowohl die Unzulässigkeitseinrede, als auch die übrigen Einwände zum Grunde der Sache als unstichhaltig hinzustellen und insbesondere noch auszuführen, daß er mit seiner jetzigen Ehefrau und ebenso deren Mutter keineswegs auf ihr gesetzliches Recht, Kautionsleistung zu verlangen, verzichtet hätte, ein solcher Verzicht aber in der am Schlusse des Teilungsprotokolles niedergelegten allgemeinen Bemerkung, daß die Beteiligten diese Urkunde gutheißen, um so weniger gefunden werden könne, als sie über die Bedeutung der an einer anderen Stelle dieses Aktes befindlichen Worte, daß die Hälfte des Nachlasses der Erblasserin dem Witwer Bauer zur kautionsfreien Nutznießung überwiesen werde, nicht genügend belehrt worden seien, und sie selbst von einem Rechte, die bezügliche Testamentsverfügung anzugreifen, damals keine Ahnung gehabt hätten und deshalb auf dieses Recht nicht hätten verzichten können noch wollen, Verzichte übrigens expressis verbis geschehen müßten und nicht zu vermuthen seien; daß aber jedenfalls ein solcher Verzicht hier keine rechtliche Wirkung äußern könne. Zu einem Beweise über den angeblichen Vermögensrückgang des Beklagten erbot sich Kläger nicht.

Beklagter wies schließlich noch darauf hin, daß, wenn Witwe Guth und Anna Guth mangels eingehenderer Belehrung, — die jedoch in Wirklichkeit erfolgt sei, — von ihrem vermeintlichen Rechte, Bürgschaftsleistung zu beanspruchen, keine Kenntnis gehabt hätten, ihr Verzicht auf dieses etwaige Recht dann nur einem Rechtsirrtume entsprungen sei, wegen dessen ein Rechtsgeschäft und insbesondere hier der Verzicht, bei dem ja der Kurator der Emanzipierten mitgewirkt habe, nicht angefochten werden könne.

Es fragt sich nun und ist unter gehöriger Begründung zu beantworten, was in Beziehung auf die sämtlichen hier streitigen Punkte Rechtens ist.

II. Aufgabe

aus dem Zivilrechte.

I.

Der Kaufmann Adolf Neu, wohnhaft in Landau (Pfalz), verheiratete sich am 7. März 1889 zu Durlach im Großherzogtume Baden mit der ledigen volljährigen Emma Stern von da, nachdem beide am Tage vorher vor dem Notare N in Karlsruhe einen Ehevertrag mit einander abgeschlossen hatten, worin bestimmt wurde, daß von jedem der künftigen Ehegatten an Mobiliarvermögen einzig und allein ein Betrag von 500 ℳ in die eheliche Gütergemeinschaft eingeworfen werden solle. Es wurde in diesem Akte dabei noch konstatiert, daß die Braut zur Zeit, außer einer Mobiliareinrichtung im Werte von 3000 ℳ, noch eine Barsumme von 1000 ℳ und verschiedene auf den Inhaber lautende Wertpapiere, bestehend in verzinslichen Anlehenslosen, Eisenbahnprioritäten und Pfandbriefen im Gesamtwerte von 8500 ℳ zu Eigentum besitze. Nach dem Eheabschlusse nahmen die Eheleute Neu, wie schon zuvor verabredet, ihren gemeinsamen Wohnsitz am bisherigen Wohnorte des Ehemannes und übergab dort am 8. Mai 1889 die Ehefrau außer dem versprochenen Einbringen von 500 ℳ noch den gedachten weiteren Betrag von 1000 ℳ, sowie zur Aufbewahrung die besagten Werthpapiere ihrem Ehemanne, der sofort hierüber eine Empfangsbescheinigung schrieb und ihr einhändigte, worin die einzelnen Wertpapiere näher bezeichnet waren.

Schulden hatte die Braut nicht. Adolf Neu befand sich aber, was der Braut verheimlicht worden war, im Vermögensrückgange und wurden nach einiger Zeit diese Papiere auf Betreiben eines seiner Gläubiger, Bankier Karl Mohr in Landau, zur Befriedigung einer für den Betrag von 10000 ℳ vollstreckbar erklärten Kreditobligation ohne Vorwissen der Frau Neu sämtlich gepfändet und sollten dann, nachdem Ehemann Neu kurz darauf starb, versteigert werden. Witwe Neu, die nun hievon Kenntnis erhielt, widersetzte sich aber dieser Veräußerung, und erhob, als dies unbeachtet blieb, und nachdem sie auf die Gütergemeinschaft, „soweit etwa bestehend“, verzichtet hatte, gemäß § 690 Z.P.O. Widerspruchsklage gegen genannten Mohr beim zuständigen Gerichte, unter Geltendmachung ihres Eigentumsrechts an den gepfändeten Wertpapieren und mit dem Antrage auf Einstellung der unzulässigen Zwangsvollstreckung hinsichtlich dieser Papiere und Aufhebung der Pfändung derselben.

Der Beklagte Mohr bestritt die Klage als unbegründet, weil das angebliche Sondereigentum der Klägerin an den gepfändeten Wertpapieren nicht durch ein Inventar oder ein anderes authentisches Verzeichnis festgestellt, jedenfalls aber nicht dargethan sei, daß die von ihm gepfändeten Wertpapiere mit den von der Klägerin etwa eingebrachten Papieren identisch seien, indem die ihm schon vorgezeigte einfache Privatbescheinigung des Ehemannes Neu den erforderlichen Nachweis nicht zu ersetzen vermöge. Er berief sich dabei auf Art. 1499 B.G.B.

Witwe Neu ließ darauf entgegnen: ihre Ehe, wie ihr Ehevertrag, seien im Großherzogtum Baden abgeschlossen worden, und sei deshalb das badische Landrecht für ihre eheliche Güterverhältnisse maßgebend; Landrechtssatz 1499, der nur eine Beweisvorschrift enthalten habe, müsse mit Einführung der Reichszivilprozeßordnung als aufgehoben gelten, jedenfalls könne er aber auf ihre eheliche Güterverhältnisse, welche von der Errungenschaftsgemeinschaft wesentlich verschieden seien, keine Anwendung finden; nur diejenige besondere, hier nicht getroffene Klausel, welche die Ausschließung aller Fahrnis aus der Gütergemeinschaft" gemäß Landrechtssatz 1504a vorsehe, habe eine Errungenschaftsgemeinschaft zur Folge, indem dieser Satz wörtlich dahin laute: „die Ausschließung aller Fahrnis macht die Ehe zu einer bloßen Errungenschaftsgemeinschaft, deren Gesetzen sie also auch unterliegt", damit aber für jede andersgeartete eheliche Güterrechtsklausel die Anwendung des Satzes 1499 ausscheiden lasse; sie dürfe daher ihr Einbringen durch jede Art von Beweisurkunden, so insbesondere durch die Bescheinigung ihres Mannes vom 8. Mai 1888, wie auch durch Zeugen in Gewißheit setzen. Klägerin erbot sich subsidiarisch in letzterer Richtung denn auch zu einem Beweise durch jene Bescheinigung und andere frühere Aufzeichnungen, sowie durch Zeugen.

Der Beklagte erwiderte darauf, es könne dahingestellt bleiben, ob das richtig sei, was Klägerin betreffs des badischen Rechts in fraglicher Hinsicht vorbringe, da das eheliche Güterrecht der gewesenen Eheleute Neu nach dem pfälzischen bürgerlichen Rechte zu beurteilen sei, und damit auch der heute noch in der Pfalz giltige Art. 1499 c. c. hier die gesetzliche Maßgabe bilde. Das klägerische Beweisanerbieten bezeichnete derselbe als unerheblich.

Wie ist der Rechtsstreit zu entscheiden? Die Entscheidung ist gehörig zu begründen, und ist überdies noch zu beantworten, ob die Witwe Neu für den gedachten Betrag von 1000 ℳ, welchen ihr verlebter Ehemann teils in die Haushaltung und teils in sein Geschäft verwendet hatte, einen Ersatzanspruch an dessen Nachlaß geltend machen kann.

Es wird noch bemerkt, daß die auf obige Verhältnisse einschlägigen Bestimmungen des code civil und des badischen Landrechts mit der einzigen Modifikation des oben richtig wiedergegebenen Landrechtssatzes 1504a inhaltlich die gleichen sind.

II.

Die Eva Berg, Ehefrau von Adam Lieb, wohnhaft in Kusel, starb daselbst am 2. März 1887 mit Hinterlassung ihres dreijährigen Sohnes Jakob Lieb als einzigen Erben. Am 30. Mai darauf wurde auf Betreiben ihres überlebenden Ehemannes, als des gesetzlichen Vormundes seines genannten minderjährigen Sohnes, zur Inventarisation ihres Nachlasses geschritten. Die hiebei von Seite des Notars an den Vatervormund gerichtete Frage, ob ihm von seinem Mündel etwas geschuldet werde, verneinte er. Unterm 6. Januar 1891 starb dann auch Jakob Lieb, und sein Nachlaß fiel an seinen Vater und seinen mütterlichen Großvater Peter Berg. Vater Lieb zeigte nun ein eigenhändiges Testament seiner verlebten Frau dem Letzteren vor, worin diese ihm, Lieb, alle in ihrer Wohnung befindlichen Möbel und Hausgeräte, soweit sie von ihr in die Ehe eingebracht und von ihnen beiden gemeinsam während derselben angeschafft wurden, bezw. ihren Anteil an diesen vermachte, und nahm auf Grund dessen die betreffenden Mobiliargegenstände ausschließlich in Anspruch. Berg widersetzte sich aber diesem Verlangen mit der Behauptung, Lieb sei durch seine im Inventare vom 30. Mai 1887 beurkundete Erklärung, daß sein Sohn und Mündel Jakob Lieb ihm nichts schulde, gesetzlicher Vorschrift zufolge des Vermächtnisses verlustig gegangen. Adam Lieb bestritt dies und beharrte bei seinem Begehren.

Wie ist zu entscheiden? Die Entscheidung ist gehörig zu begründen.

Praktischer Fall
aus dem Justizfache.

Aus nachstehenden Prozedurakten und nach Maßgabe der darin niedergelegten Bemerkungen ist ein landgerichtliches Urteil in der Form einer Ausfertigung mit allen vom Gesetze vorgeschriebenen inneren und äußeren Erfordernissen sowie mit einer dem Gesetze entsprechenden Entscheidung abzufassen.

Zur Zivilkammer
des K. Landgerichts
Zweibrücken.

Klageschrift

für

Jakobine Bader, Witwe des in Blieskastel verlebten Tagners Johann Sattler, Wäscherin in Blieskastel wohnhaft, Klägerin, für welche Rechtsanwalt Braun als Prozeßbevollmächtigter aufgestellt ist,

gegen

1. Karolina Fuchs, ledige Näherin in Homburg wohnhaft,
2. Jakob Vetter, Dienstmann in Kaiserslautern wohnhaft,

Beklagte,

Klage auf Auszahlung und Sicherstellung einer Rente betreffend.

Streitwert 542 ℳ 50 ₰

Inhaltlich eines von dem K. Notar Pasquay in Zweibrücken am 18. Januar 1885 errichteten Testaments setzte die Katharina Vetter, Witwe des in Zweibrücken verlebten Schreiners Philipp Henrich, sie ohne Gewerbe daselbst wohnhaft, ihren Bruder, den Beklagten Jakob Vetter zum Universalerben ihres gesammten Nachlasses ein, vermachte jedoch die lebenslängliche Nutznießung hieran ihrer Halbschwester, der Beklagten Karolina Fuchs sowie eine lebenslängliche Jahresrente von 35 Mark, zahlbar auf Weihnachten jeden Jahres ihrer Schwestertochter der Klägerin Witwe Sattler.

Als Witwe Henrich im Jahre 1886 starb, zeigte es sich, daß der Nachlaß derselben lediglich aus einem durch Schulden nicht belasteten Ausstande bei dem Zweibrücker Vorschußvereine im Belaufe von 1800 Mark bestand. Da die Vermögensverhältnisse des eingesetzten Erben sowohl als auch der testamentarischen Nutznießerin höchst zweifelhafte sind, so sah sich die Klägerin veranlaßt, bei dem K. Landgerichtspräsidenten in Zweibrücken unter dem 24. März 1888 eine einstweilige Verfügung zu erwirken, wodurch dem Universallegator Vetter und der Nutznießerin Karolina Fuchs verboten wurde, den obenerwähnten Ausstand von 1800 Mark bei dem Vorschußverein Zweibrücken zu erheben oder sonst darüber zu verfügen unter gleichzeitigem Verbot an den Vorschußverein in Zweibrücken, an die erwähnten Personen oder auf deren Anweisung hin Zahlung zu leisten, welche Verfügung den letzteren und dem Vorschußvereine in Zweibrücken am 24. bezw. 25. März 1888 gehörig zugestellt wurde.

Die Beklagte Karolina Fuchs hat außer dem ersten auf Weihnachten 1887 fällig gewordenen und am 22. März 1888 bezahlten Leibrentenbetrag, zu dessen Zahlung sie auf Klage der Witwe Sattler durch Erkenntnis des K. Amtsgerichts in Homburg vom 28. Februar 1888 verurteilt worden war, noch keine der inzwischen fällig gewordenen Rentenbeträge bezahlt und hat weder sie noch der Mitbeklagte Jakob Vetter bis jetzt sich zur Sicherstellung der in Frage stehenden Leibrente herbeigelassen, weshalb Klägerin zur Erhebung gegenwärtiger Klage genötigt ist.

Demgemäß werden die Beklagten zur mündlichen Verhandlung über diese Klage zu dem unten von dem Herrn Landgerichtspräsidenten angesetzten Termine vor die Zivilkammer des K. Landgerichts in Zweibrücken mit der Aufforderung vorgeladen, einen bei diesem Gerichte zugelassenen Rechtsanwalt zu bestellen.

Die Klägerin wird folgenden Antrag nehmen:

Gefalle es der Zivilkammer des K. Landgerichts Zweibrücken, die Beklagten verpflichtet zu erklären, dafür Sicherheit zu leisten, daß der Klägerin die ihr durch Testament der Katharina Vetter, Witwe des verlebten Schreiners Philipp Henrich in Zweibrücken vom 18. Januar 1885 vermachte lebenslängliche Jahresrente von 35 Mark alljährlich an Weihnachten pünktlich und vollständig ausbezahlt werde;

Demgemäß zu verordnen, daß aus dem bei dem Vorschußvereine Zweibrücken ausstehenden Betrage von 1800 Mark vierprozentige Staatspapiere im Nennwerte von 900 Mark angekauft und bei dem genannten Vorschußvereine auf Lebensdauer der Klägerin Witwe Sattler hinterlegt werden, auch die letztere zu ermächtigen, die jährliche Rente von 35 Mark direkt bei dem genannten Vorschußvereine zu erheben;

ferner die Beklagte Karolina Fuchs zu verurteilen, an die Klägerin die an Weihnachten 1888, 1889 und 1890 fällig gewordenen Renten mit je 35 Mark zusammen einhundert fünf Mark nebst Zinsen vom jeweiligen Verfalltage an zu bezahlen,

endlich den Beklagten die Kosten einschließlich der Kosten der einstweiligen Verfügung vom 24. März 1888 zur Last zu legen und das ergehende Urteil als vorläufig vollstreckbar zu erklären.

Zweibrücken, den 20. September 1891.

Braun, Rechtsanwalt.

Zur mündlichen Verhandlung über vorstehende Klage wird die Sitzung der Zivilkammer des K. Landgerichts dahier vom 7. Dezember 1891 Vormittags 9 Uhr bestimmt.

Zweibrücken, den 21. September 1891.

Der Vorsitzende der Zivilkammer des K. Landgerichts:
Becker, K. Landgerichtspräsident.

Bemerkung: Die Klageschrift wurde den Beklagten durch Gerichtsvollzieher Jakob in Zweibrücken am 22. September 1891 beziehungsweise am 23. September 1891 durch die Post in gehöriger Weise zugestellt.

Klagebeantwortung

für

1. Karolina Fuchs, ledige Näherin in Homburg wohnhaft,
2. Jakob Vetter, Dienstmann in Kaiserslautern wohnhaft,

Beklagte und Widerkläger durch Rechtsanwalt Schumann vertreten,

gegen

Jakobine Bader, Witwe des in Blieskastel verlebten Tagners Johann Sattler, Wäscherin daselbst wohnhaft, Klägerin und Widerbeklagte durch Rechtsanwalt Braun vertreten.

Die Klage zerfällt in zwei Teile, der erste Teil ist gegen die Universalnutznießerin Karolina Fuchs und den Universalerben Jakob Vetter gerichtet und hat die Sicherstellung einer der Klägerin vermachten Leibrente zum Gegenstande, der zweite Teil richtet sich gegen die obengenannte Karolina Fuchs allein mit dem Antrage auf Verurteilung derselben zur Zahlung der verfallenen Rentenbeträge.

Für die letztere Klage ist das K. Landgericht unzuständig. Denn die sämtlichen geforderten Rentenbezüge machen zusammen nur den Betrag von 105 Mark aus und gehört sonach dieser Anspruch vor das Amtsgericht.

Aber auch für den ersten Teil der Klage, soweit er gegen den Beklagten Vetter gerichtet ist, fehlt dem K. Landgerichte die Zuständigkeit. Der Beklagte Vetter hat seinen allgemeinen Gerichtsstand in Kaiserslautern. Von einem besonderen Gerichtsstand der Erbschaft gemäß § 28 der Zivilprozeßordnung, welchen etwa Klägerin im Auge gehabt haben könnte, kann nicht die Rede sein, weil unter den Parteien das Vermächtnis vom 18. Januar 1885, kraft dessen Klägerin eine lebenslängliche Jahresrente von 35 Mark zahlbar auf Weihnachten zu besprechen hat, niemals bestritten war, im gegebenen Falle also dieses Vermächtnis nicht den Streitgegenstand sondern blos den Legitimationsgrund in Betreff des von der Klägerin erhobenen Anspruchs bildet.

Subsidiarisch beantragen übrigens die Beklagten, daß zur Hauptsache verhandelt werde.

Was die Hauptsache anlangt, so ist zuvörderst nicht einzusehen, wie der Beklagte Vetter in den gegenwärtigen Rechtsstreit gezogen werden konnte. In dem Testament der Witwe Henrich vom 18. Januar 1885 ist ausdrücklich angeordnet, daß der Universalerbe Vetter erst mit dem Ableben der Universalnutznießerin Fuchs in den Besitz und Genuß ihres Nachlasses kommen solle. Bis dahin bildet die der Klägerin vermachte Leibrente eine Last der der Universalnutznießerin Fuchs vermachten Nutznießung. Wenn letztere mit der Zahlung der Leibrentenbeträge säumig war, so mag es vorerst dahin gestellt bleiben, ob die Rentengläubigerin Witwe Sattler gegen die Rentenschuldnerin Fuchs die Hilfe des Gerichts behufs Sicherstellung der Rente in Anspruch nehmen könne, den Beklagten Vetter aber, welcher nicht Rentenschuldner ist und den daher auch kein Vorwurf der Säumigkeit trifft, hat sie jedenfalls unbehelligt zu lassen. Die passive Sachlegitimation muß daher hinsichtlich des Beklagten Vetter bestritten werden.

Im Übrigen scheint die Klägerin zu glauben, daß sie ihre Klage gegen die Beklagten Karoline Fuchs und Jakob Vetter auf die Bestimmungen des Art. 1978 des pfälz. Zivil-Gesetzbuches gründen könne. Hierin befindet sie sich aber im Irrtum. Diese Bestimmungen stehen unter Kapitel II des Titels XII über den Leibrentenvertrag und seine Wirkungen. Sie versagen abweichend von den allgemeinen Rechtsgrundsätzen, — wornach bei den übrigen zweiseitigen Verträgen im Falle eine Vertragspartei ihre Vertragsverpflichtungen nicht erfüllt, die andere Vertragspartei von dem Vertrage zurücktreten kann, — dem Rentengläubiger im Falle des Zahlungssäumnisses des Rentenschuldners das Resolutionsrecht und gewähren als Aequivalent hiefür dem Rentengläubiger ein Recht auf Sicherstellung der Rente durch Hinterlegung eines entsprechenden Kapitalbetrages, welches Recht sich als ein singuläres darstellt, weil ein Anspruch des Gläubigers auf Sicherstellung künftig fällig werdender Forderungen im Allgemeinen nicht besteht. Alle diese nur allein den Leibrentenvertrag unter lästigen Titel betreffenden singulären Bestimmungen sind nun aber im gegebenen Falle unanwendbar, denn hier steht kein Leibrentenvertrag sondern eine durch Legat zugewendete Leibrente in Frage, auf welche die weiteren singulären Bestimmungen des Art. 1978 keine Ausdehnung finden können.

Es fehlt aber auch an der Voraussetzung einer etwaigen Anwendbarkeit des Art. 1978 des pfälzischen Zivilgesetzbuches, nämlich an der Zahlungssäumigkeit des Rentenschuldners, denn zur Zeit der Erhebung der Klage lag eine Zahlungssäumigkeit der Rentenschuldnerin nicht vor, da die an Weihnachten 1887 fällig gewesene Rente bereits bezahlt und daher ein etwaiger Verzug purgirt war. Die Zahlung der weiteren Beträge (Weihnachten 1888, 1889 und 1890) hat aber die Klägerin selbst verhindert, indem sie die Mittel, aus welchen die Zahlung hätte geleistet werden sollen, durch Erwirkung der einstweiligen Verfügung vom 24. März 1888 festlegte und dadurch die thatsächliche Ausübung der Nutznießung verhinderte, deren Last die fragliche Rentenschuld bildete.

Hiernach hat die Klägerin überhaupt keinen Anspruch auf Sicherstellung der ihr vermachten Leibrente und konnte sie demnach auch nicht zum Schutze dieses Anspruchs die einstweilige Verfügung des K. Landgerichtspräsidenten in Zweibrücken vom 24./27. März 1888 erwirken. Stünde übrigens der Klägerin ein solcher Anspruch zu, so hätte diese einstweilige Verfügung doch nur dann erlassen werden können, wenn Klägerin glaubhaft zu machen im Stande gewesen wäre, daß ihrer Leibrentenforderung von Seite der Beklagten irgend eine Gefahr drohe.

Nun ist es zwar richtig, was die Klägerin aufstellt, daß die beiden Beklagten abgesehen von ihren auf dem Testamente vom 18. Januar 1885 beruhenden Rechten an dem Nachlaß der Witwe Henrich kein namhaftes Vermögen besitzen, allein die in dem Gesuche vorgebrachte weitere Aufstellung der Klägerin, daß die Beklagten die Absicht gehabt hätten, am 1. April 1888 den Ausstand von 1800 ℳ bei dem Vorschußverein Zweibrücken zu erheben, ist ganz unrichtig und völlig unglaubhaft, da die beiden Beklagten schon wegen ihres Rechtsverhältnisses untereinander ein offensichtiges Interesse haben, den Ausstand bei dem Vorschußverein Zweibrücken stehen zu lassen. Die Beklagten erheben deshalb Widerklage auf Aufhebung der in Frage stehenden einstweiligen Verfügung.

Auch die Klage gegen die Beklagte Fuchs auf Zahlung der drei verfallenen Rentenbezüge muß abgewiesen werden, denn diese Rentenschuld ist, wie schon oben erwähnt, eine Schuld der Nutznießung, welche der Beklagten Fuchs an dem Ausstande von 1800 Mark zusteht. Es kann nun aber nicht angehen, daß die Klägerin durch die von ihr erwirkte einstweilige Verfügung die Beklagte Fuchs an der Zahlung der verfallenen Rentenbeträge hindert und dann Klage gegen sie auf Zahlung dieser Beträge erhebt. Keinenfalls kann aber Klägerin Zinsen vom jeweiligen Verfalltage der Rentenbeträge, sondern nur vom Tage der Klage fordern.

Da die Klage in allen ihren Teilen sich als haltlos, die Widerklage sich aber als begründet darstellt, so sind sämtliche Kosten einschließlich der einstweiligen Verfügung vom 24. März 1888 der Klägerin zu Last zu setzen.

Aus diesen Gründen

gefalle es der Zivilkammer des K. Landgerichts in Betreff der Klage gegen den Beklagten Vetter sowie der Klage gegen die Beklagte Fuchs auf Zahlung von 105 ℳ die Unzuständigkeit des Gerichts auszusprechen, übrigens anzuordnen, daß auch in Betreff dieser Klagen zur Hauptsache verhandelt werde, subsidiarisch die Klage gegen den Beklagten Vetter wegen mangelnder Passivlegitimation eventuell als unbegründet zurückzuweisen, und die beiden Klagen gegen die Beklagte Fuchs als grundlos zu verwerfen,

Und über die Widerklage der Beklagten erkennend die einstweilige Verfügung des K. Landgerichtspräsidenten zu Zweibrücken vom 24. März 1888 aufzuheben,

Endlich die Klägerin und Widerbeklagte in die Kosten der Haupt- und Widerklage sowie der einstweiligen Verfügung vom 24. März 1888 zu verfällen.

Zweibrücken, den 5. Oktober 1891.

Schumann, Rechtsanwalt.

Abschrift erhalten.

Zweibrücken, den 6. Oktober 1891.

Braun, Rechtsanwalt.

Erwiderungsantrag

für

Jakobine Bader, Witwe des in Blieskastel verlebten Tagners Johann Sattler; Wäscherin daselbst wohnhaft, Klägerin und Widerbeklagte durch Rechtsanwalt Braun vertreten,

gegen

1. Karoline Fuchs, ledige Näherin, in Homburg wohnhaft,
2. Jakob Vetter, Dienstmann in Kaiserslautern wohnhaft, Beklagte und Wiederkläger durch Rechtanwalt Schumann vertreten.

Auf die Klagebeantwortung der Beklagten und Widerkläger entgegnet die Klägerin und Widerbeklagte folgendes:

Was die der Klage entgegengesetzten Einreden der Unzuständigkeit anlangt, so sind dieselben als gänzlich unbegründet zu verwerfen. Die Klage ist in erster Linie auf Sicherstellung der der Klägerin vermachten Rente gerichtet, welche Klage sachlich vor das K. Landgericht gehört. Damit ist in gesetzlich zulässiger Weise das Begehren auf Zahlung der verfallenen Renten verbunden, um nicht zwei Klagen erheben zu müssen. Die örtliche Zuständigkeit des K. Landgerichts Zweibrücken für die Klage auf Sicherstellung der Rente gründet sich auf § 28 der Zivilprozeßordnung, da ein Anspruch aus einem Vermächtnisse geltend gemacht wird.

Ebenso grundlos ist die Einrede, daß die passive Sachlegitimation in Betreff des Beklagten Vetter fehle. Dieser ist auf Zahlung der verfallenen Rentenbezüge nicht verklagt, sondern mit der Beklagten Fuchs auf Sicherstellung der Rente. Zu dieser Streitsache mußte aber Vetter als Beklagter zugezogen werden.

Die Klage auf Sicherstellung der der Klägerin unbestrittenermaßen zustehenden Rente muß heute schon als vollständig begründet zugesprochen werden. Die Rentenschuldnerin Fuchs blieb gleich den ersten an Weihnachten 1887 verfallenen Rentenbetrag schuldig und verstand sich zur Zahlung desselben erst am 22. März 1888, nachdem sie durch Urteil des K. Amtsgerichts Homburg vom 28. Februar 1888 hiezu, der bezüglichen Klage der Rentengläubigerin Witwe Sattler entsprechend, verurteilt worden war. Mit den vor gegenwärtiger Klage (22./23. September 1891) zu Weihnachten 1888, 1889 und 1890 verfallenen Rentenbeträgen von je 35 Mark ist die Beklagte Karolina Fuchs heute noch im Zahlungsrückstande. Daß dieselbe durch die einstweilige Verfügung vom 24. März 1888 an der Zahlung dieser Beträge gehindert gewesen sei, ist nicht richtig, da Niemand sie hinderte, die von ihr persönlich geschuldete Rente aus eigenen beziehungsweise aus den aus ihrem Erwerbe zufließenden Mitteln zu bezahlen. Die thatsächliche Voraussetzung der Anwendbarkeit des Art. 1978 des pfälzischen Zivilgesetzbuches, nämlich die Zahlungssäumigkeit der Rentenschuldnerin ist sonach in dem vorliegenden Falle gegeben und wenn die Beklagten behaupten, daß die genannte Gesetzesbestimmung auf vermachte Leibrenten überhaupt nicht anwendbar sei, so beruht dies auf unrichtiger Auslegung des Gesetzes.

Was die von den Beklagten erhobene Widerklage auf Aufhebung der einstweiligen Verfügung des K. Landgerichtspräsidenten in Zweibrücken vom 24. März 1888 betrifft, so ist, wie oben nachgewiesen, der Anspruch der Klägerin auf Sicherstellung ihrer Rente nicht zu bestreiten und war unter den obwaltenden Verhältnissen für die Klägerin Grund genug gegeben, sich durch Erwirkung der fraglichen einstweiligen Verfügung dagegen zu schützen, daß die Beklagten nicht den

Ausstand erheben und ihr das leere Nachsehen lassen. Die Zulässigkeit dieser einstweiligen Verfügung ist übrigens schon durch die bezügliche Vorschrift des Art. 1978 des pfälzischen Zivilgesetzbuches begründet, welche durch das Inslebentreten der Reichsgesetzgebung ihre Geltung nicht verloren hat.

Die Klage gegen die Beklagte Fuchs auf Zahlung der drei verfallenen Rentenbeträge anlangend kann die Beklagte nicht in Abrede stellen, daß diese Beträge heute noch nicht bezahlt sind und ist dieselbe daher zu der beantragten Zahlung zu verurteilen ohne Beachtung der oben schon gewürdigten Behauptung der Klägerin, daß sie durch die einstweilige Verfügung vom 24. März 1888 an der fraglichen Zahlung gehindert werde.

Das Begehren von Zinsen vom jeweiligen Verfalltage der Rentenbeträge an ist gerechtfertigt, da von diesen Tagen an die Beklagte Fuchs als zahlungssäumig zu betrachten war.

Aus diesen Gründen

gefalle es dem K. Landgerichte die von den Beklagten erhobenen Einreden der Unzuständigkeit des Gerichts beziehungsweise der mangelnden Passivlegitimation zu verwerfen und die Widerklage der beiden Beklagten auf Aufhebung der einstweiligen Verfügung des K. Landgerichtspräsidenten in Zweibrücken vom 24. März 1888 als unbegründet abzuweisen, den Widerklägern endlich auch die Kosten der Widerklage zur Last zu legen.

Im Uebrigen aber dem Klageantrag entsprechend zu erkennen.

Zweibrücken, den 3. November 1891.

Braun, Rechtsanwalt.

Abschrift erhalten

Zweibrücken, den 4. November 1891.

Schumann, Rechtsanwalt.

Schriftsatz

für

1. Karolina Fuchs, ledige Näherin, in Homburg wohnhaft,
2. Jakob Vetter, Dienstmann, in Kaiserslautern wohnhaft,

Beklagte und Widerkläger durch Rechtsanwalt Schumann vertreten,

gegen

Jakobine Bader, Witwe des in Blieskastel verlebten Tagners Johann Sattler, Wäscherin, daselbst wohnhaft, Klägerin und Widerbeklagte, durch Rechtsanwalt Braun vertreten.

Durch die in dem Erwiderungsantrag niedergelegten Ausführungen hat die Klägerin und Widerbeklagte die von den Beklagten und Widerklägern erhobenen, wohlbegründeten Einwendungen gegen die Klage in keiner Weise entkräftet, wie es derselben auch nicht gelungen ist, die Widerklage der Beklagten zu beseitigen. Die in der Klagebeantwortung enthaltenen Verteidigungs- und Angriffsmittel sind vielmehr in allen Stücken unwiderlegt geblieben.

In aller Kürze möge noch Folgendes bemerkt werden:

1. daß es der Klägerin unbequem ist, zwei Klagen erheben zu müssen, berechtigt sie noch nicht, die eine Klage, welche dem Werte des Streitgegenstandes nach vor das Amtsgericht gehört, vor ein unzuständiges Landgericht zu bringen.
2. die örtliche Zuständigkeit des Landgerichts Zweibrücken wäre auch dem Beklagten Vetter gegenüber begründet, wenn über das Vermächtnis, welches der Klägerin durch das Testament vom 18. Januar 1885 zuteil wurde, unter den Parteien Streit bestände. Da dies aber nicht der Fall ist, so ist der Gegenstand des gegenwärtigen Streites nicht das Vermächtnis, sondern die Sicherstellung eines Leibrentenanspruchs und es kann daher von dem Gerichtsstand der Erbschaft (§ 28 der Zivilprozeßordnung) im gegebenen Falle keine Rede sein.
3. Den Grund, weshalb der Beklagte Vetter in gegenwärtigem Rechtsstreit gezogen werden „mußte“, ist die

Klägerin schuldig geblieben. Ohne Zahlungssäumigkeit kann aber in keinem Falle eine Verpflichtung zur Sicherung der Rente bestehen.

4. Wenn es wahr ist, daß der erste Satz des Art. 1978 des pfälzischen Zivilgesetzbuches — die Ausschließung des Resolutionsrechts — auf andere als Leibrentenverträge unter lästigem Titel nicht anwendbar ist, so ist der Grund nicht einzusehen, weshalb der ebenfalls singuläre zweite Satz auf vermachte Leibrenten nicht gleichfalls unanwendbar sein sollte.

Wenn die Klägerin sagt, daß Niemand die Beklagte Fuchs gehindert habe, die verfallenen Rentenbeträge aus ihren eigenen Mitteln zu bezahlen, weshalb sie als zahlungssäumig erscheine, so ist hierauf zu erwidern, daß die Beklagte Fuchs zur Zahlung aus eigenen Mitteln nicht verpflichtet war, weil bekanntlich der Legator der Nutznießung eines ganzen Vermögens nur als Erbstückvermächtnisnehmer sich darstellt, welcher den Gläubigern für die Schulden dieses Vermögens persönlich nicht verhaftet ist.

Bestünde übrigens eine persönliche Verbindlichkeit der Beklagten Fuchs der Klägerin gegenüber, so läge doch keine Zahlungssäumigkeit der ersteren vor, da dieselbe niemals in Betreff der Zahlung der drei Rentenbeträge von der Klägerin in Verzug gesetzt worden ist.

5. Daß die Vorschrift des Art. 1978 des pfälzischen Zivilgesetzbuches die Zulässigkeit der erwirkten einstweiligen Verfügung begründen könne, wird geleugnet. Aber selbst wenn dies der Fall wäre, müßte doch das prozessuale Verfahren sich nach den Vorschriften der Reichszivilprozeßordnung richten und hiernach ist die Glaubhaftmachung der Gefahr notwendig, welche dem Anspruche droht:

6. Nach Maßgabe des oben unter Nr. 4 Abs. 2 Gesagten konnte die Beklagte Fuchs auf Zahlung der verfallenen

Rentenbeträge nicht verklagt werden, so lange die einstweilige Verfügung vom 24. März 1888 noch besteht.

7. Der klägerische Antrag, daß das Urteil als vorläufig vollstreckbar erklärt werde, ist in keinem Falle gerechtfertigt.

Aus diesen Gründen
wird der Antrag in der Klagebeantwortung wiederholt.

Zweibrücken, den 18. November 1891.
Schumann, Rechtsanwalt.

Abschrift erhalten
Zweibrücken, den 19. November 1891.
Braun, Rechtsanwalt.

Protokoll

aufgenommen über die mündliche Verhandlung in der öffentlichen Sitzung der Zivilkammer des K. Landgerichts Zweibrücken vom 7. Dezember 1891.

Gegenwärtig:
der kgl. Landgerichtspräsident Becker, als Vorsitzender,
die Landgerichtsräte Schmidt und Schwarz, als beisitzende Richter,
der k. Sekretär Friederich, als Gerichtsschreiber.

In Sachen
Jakobina Bader, Witwe des in Blieskastel verlebten Tagners Johann Sattler, sie Wäscherin, allda wohnhaft, Klägerin und Widerbeklagte durch Rechtsanwalt Braun vertreten,

gegen

1. Karolina Fuchs, ledige Näherin, in Homburg wohnhaft,
2. Jakob Vetter, Dienstmann, in Kaiserslautern wohnhaft,

Beklagte und Widerkläger, durch Rechtsanwalt Schumann vertreten, betreffend die Klage auf Auszahlung und Sicherstellung einer Rente,

erschienen nach Aufruf der Sache die obengenannten Rechtsanwälte Braun und Schumann, worauf der Vorsitzende die mündliche Verhandlung der Sache eröffnete.

Die durch gehörige schriftliche Vollmachten legitimierten Prozeßbevollmächtigten verlasen sodann ihre in den vorbereitenden Schriftsätzen genommenen Anträge, welche dem gegenwärtigen Protokolle als Anlagen beigefügt sind und begründeten dieselben durch mündlichen Vortrag in thatsächlicher und rechtlicher Beziehung im Wesentlichen in gleicher Weise wie in den vorbereitenden Schriftsätzen.

Bei dem Vortrage des Thatbestandes verlas Rechtsanwalt Braun folgende zu den Gerichtsakten gegebene Urkunden:

1. Das Testament der Witwe Henrich in Zweibrücken vom 18. Januar 1885, gefertigt von dem k. Notar Pasquay in Zweibrücken,
2. Urteil des K. Amtsgerichts in Homburg vom 28. Februar 1888 in Sachen der heutigen Klägerin Witwe Sattler gegen die heutige Beklagte Fuchs,
3. ein Gesuch der Klägerin um Erlaß einer einstweiligen Verfügung des K. Landgerichtspräsidenten in Zweibrücken und letztere selbst, beides vom 24. März 1888 sowie die Zustellungsnachweise hiezu.

Rechtsanwalt Braun verlas vor Beendigung der Vorträge der Parteien noch anruhenden Schriftsatz mit dem Antrage, denselben dem Protokolle als Anlage beizufügen und dadurch die in diesem Schriftsatze niedergelegten Festsetzungen gemäß § 270 der Zivilprozeßordnung vorzunehmen.

Gegen diesen Antrag erhob Rechtsanwalt Schumann keinen Einwand, bestritt aber die Richtigkeit der von Rechtsanwalt Braun am Schlusse obigen Schriftsatzes gemachten Bemerkungen über Nr. 4 und 7 der in dem letzten Schriftsatze der Beklagten niedergelegten Aufstellungen.

Nachdem die Sache erschöpfend erörtert worden war und die Prozeßbevollmächtigten der Parteien auf Befragen des Vorsitzenden erklärt hatten, keine Bemerkungen mehr zu machen zu haben, wurde die Verhandlung von dem letzteren für geschlossen erklärt, worauf derselbe nach stattgehabter Beratung des Gerichts anruhendes Urteil verkündete.

Worüber Protokoll, welches, nachdem es den Rechtsanwälten der Parteien zur Durchsicht vorgelegt und von denselben genehmigt worden war, von dem Vorsitzenden mit dem Gerichtsschreiber unterschrieben wurde.

Becker.

Friederich.

Nachstehender Schriftsatz ist dem Protokolle beigefügt.

Schriftsatz.

In Sachen

Jakobine Bader, Witwe des in Blieskastel verlebten Tagners Johann Sattler, Wäscherin, daselbst wohnhaft, Klägerin und Widerbeklagte, durch Rechtsanwalt Braun vertreten,

gegen

1. Karolina Fuchs, ledige Näherin, in Homburg wohnhaft,
2. Jakob Vetter, Dienstmann, in Kaiserslautern wohnhaft,

Beklagte und Widerkläger, durch Rechtsanwalt Schumann vertreten.

Rechtsanwalt Braun beantragt, das K. Landgericht wolle, indem es gegenwärtigen Schriftsatz dem Sitzungsprotokolle beifügt, feststellen, daß über folgende Punkte unter den Parteien kein Streit besteht:

1. Daß die im Jahre 1886 zu Zweibrücken, als ihrem letzten Wohnsitze, verstorbene Witwe Katharina Henrich durch Testament, errichtet von Notar Pasquay in Zweibrücken am 18. Januar 1885 ihren Bruder, den Beklagten Jakob Vetter zum Universalerben ihres gesamten Nachlasses eingesetzt und bestimmt hat, daß die lebenslängliche Nutznießung hieran ihrer Halbschwester,

der Beklagten Karolina Fuchs zukomme, sowie, daß eine lebenslängliche Jahresrente von 35 Mark, zahlbar auf Weihnachten jeden Jahres ihrer Schwestertochter, der Klägerin Witwe Jakobina Sattler aus dem Nachlasse gezahlt werde und daß der eingesetzte Erbe erst nach dem Tode der Nutznießerin in Besitz und Genuß des Nachlasses kommen solle;

2. daß der gesamte Nachlaß der Witwe Henrich aus einem mit Schulden nicht belasteten Ausstande bei dem Vorschußverein Zweibrücken im Betrage von 1800 Mark besteht;

3. daß auf Gesuch der Witwe Sattler, worin sie vorstellte, daß die Vermögensverhältnisse der mit dem Leibrentenvermächtnisse belasteten Karolina Fuchs und Jakob Vetter zweifelhafte seien und jedenfalls der Gesuchstellerin keine Sicherheit für ihre Rentenbezüge böten für den Fall die beiden Genannten die für den 1. April beabsichtigte Erhebung des Ausstandes ausführen werden, der K. Landgerichtspräsident in Zweibrücken am 24. März 1888 eine einstweilige Verfügung erließ, dahin gehend, daß der Karolina Fuchs und dem Jakob Vetter verboten wurde, den aus dem Nachlaß der Witwe Henrich herrührenden Ausstand bei dem Vorschußverein Zweibrücken im Betrage von 1800 Mark zu erheben und daß letzterem untersagt wurde, den genannten Betrag der Karolina Fuchs und dem Jakob Vetter oder auf deren Anweisung auszuzahlen;

4. daß der an Weihnachten 1887 fällig gewordene Rentenbetrag auf Grund eines von dem K. Amtsgerichte Homburg am 28. Februar 1888 erlassenen Urteils von der Beklagten Fuchs am 22. März 1888 bezahlt worden ist;

5. daß der Ausstand der verlebten Witwe Henrich bei dem Vorschußverein Zweibrücken jederzeit erhoben werden kann und die Widerkläger Karolina Fuchs und Jakob

Vetter nur ganz unbedeutendes persönliches Vermögen haben.

Was die unter Nr. 4 des letzten Schriftsatzes der Beklagten niedergelegten und von Rechtsanwalt Schumann heute mündlich des näheren begründete Behauptung anlangt, daß die eingeklagten Rentenbeträge lediglich eine Last der Nutznießung und keine persönliche Last der Beklagten Fuchs bilden, so wird hierauf erwidert, daß letztere hiefür persönlich verhaftet ist, was nicht bezweifelt werden kann, selbst wenn man den Vermächtnisnehmer der Nutznießung eines ganzen Vermögens für einen Erbstückvermächtnisnehmer zu halten habe, was dahin gestellt bleiben kann. Eine Inverzugsetzung der Beklagten Fuchs war nicht nötig.

Was den unter Nr. 7 des letzten Schriftsatzes der Beklagten bestrittenen Antrag der Klägerin anlangt, daß das Urteil für vorläufig vollstreckbar erklärt werde, so steht demselben das Gesetz zur Seite.

Zweibrücken, den 7. Dezember 1891.

Braun, Rechtsanwalt.

Die Probe-Aufgabe
aus dem katholischen Kirchenrechte

ist vollständig gleich derjenigen für das rechtsrheinische Bayern, welche S. 56 u. ff. abgedruckt ist.

Frage
aus dem protestantischen Kirchenrecht.

Dem Pfarrer von A, Bezirksamts C, steht fassionsgemäß der Nutzgenuß mehrerer im Banne der Gemeinden A und B gelegener Grundstücke zu. B stand von jeher als eigene Kirchengemeinde zu A im Filialverbande. Von den im Banne B liegenden Grundstücken ist Pl.-Nr. 300 auf die Pfarrei A als Eigentümerin kraft unvordenklichen Besitzes katastriert, Pl.-Nr. 301 und 305 mit 8 sind der politischen Gemeinde B zugeschrieben, deren Eigentum auch allerseits unbestritten ist. Der Fassionsvortrag bezüglich der letzteren fünf Grundstücke lautet:

„Cap. IV. In Genuß gegebene Güter:

„Pl.-Nr. 301, 305, 306, 307, 308; Sämtliche Güter „teils seit langer Zeit, teils seit 1822 im nutznießlichen „Besitz der Pfarrei; die Steuern zahlt die Gemeindekasse."

Nach gepflogener Erhebung steht nur Pl.-Nr. 301 seit unvordenklicher Zeit im Genuß der Pfarrei. Wahrscheinlich rührt dies aus einer alten Gemeindegründeverteilung her; Verlässiges war hierüber nicht zu ermitteln. Pl.-Nr. 305 bis 8 dagegen sind bei einer Gemeindegründeverteilung im Jahre 1822 dem Pfarrer

„als Dienstloos, in partem salarii"

überwiesen worden. Auch hier fehlt in den übrigens s. Z. von der k. Regierung genehmigten Teilungsverhandlungen jede nähere Erläuterung jener Zuwendung.

Der Gemeinderat von B hatte schon damals die Errichtung einer eigenen Pfarrei und deren Dotierung mit Gemeindegrundstücken geplant und sein Projekt 1830 und 1865 wieder aufgenommen; es fehlten aber immer die Mittel. Mit Rücksicht hierauf erfolgte 1872 die Ausschreibung der Pfarrstelle mit dem ausdrücklichen Beisatze:

„Bei allenfallsiger Wegpfarrung von B aus der Pfarrei „A müsse sich Bewerber den Entgang der Nutznießung „der dortigen Pfarrdienstgründe gefallen lassen."

Im Jahre 1887 beantragte das Presbyterium B unter Zusicherung eines Jahresbeitrages von 300 ℳ und einer Dienstwohnung die Errichtung eines selbstständigen Vikariates in B. Die Frage der Dienstgründe blieb hiebei unerwähnt. Nach Bereitstellung eines Staatsfondszuschusses von 600 ℳ wurde durch Allerh. Entschließung vom 10. Mai 1888 genehmigt:

„daß die Gemeinde B aus dem Verbande mit der „prot. Pfarrei A losgetrennt und für erstere ein „selbstständiges Vikariat errichtet werde.“

Am 20. Juni 1888 wurde letzteres besetzt und dem Vikar als Einkommen der Betrag von jährlich 900 ℳ nebst freier Wohnung angewiesen. Am 25. Juni 1888 erfolgte, ohne Vorbehalt, die Ausschreibung der seit $1^1/_2$ Jahren erledigt gewesenen Pfarrei A mit ihren fassionsmäßigen Bezügen und am 10. Dezember 1888 deren Besetzung.

Nunmehr beantragen das Presbyterium und der Vikar in B unter Bezugnahme auf art. 10 Z. 13 des Gesetzes vom 8. August 1878 über die Errichtung eines Verwaltungsgerichtshofes und auf Ziff. 6 der Ministerial-Bekanntmachung vom 13. Juli 1811, Dismembration der Pfarreien betr., wonach bei Umpfarrungen entsprechende Überweisung der pfarrlichen Revenuen mit dem betreffenden Bezirke einzutreten habe, bei dem k. Bezirksamte C Ausspruch dahin: daß die Nutznießung der Plannummern 300, 301 und 305—308 im Banne B an den Vikar zu B überzugehen habe.

Der Gemeinderat B beantragt seinerseits: die dem Pfarrer zu A bisher zugestandene Nutzung an den Plannummern 301 und 305—8 als heimgefallen zu erklären, weil der eventuelle Rückfall bereits bei der Ausschreibung von 1872 anerkannt worden und dessen Voraussetzung schon vor der neuerlichen Ausschreibung und Besetzung der Pfarrstelle A mit dem Aufhören der pfarrlichen Dienstleistung für B eingetreten gewesen sei. Derselbe sichert hiebei die Ueberweisung der Grundstücke an das Vikariat B zur ferneren Nutznießung zu.

Seitens des Pfarramtes und Presbyteriums A wird kostenfällige Abweisung dieser Anträge erbeten. Art. 10 Z. 13 cit. habe ganz andere Streitfälle im Auge und Errichtung eines selbstständigen Vikariates, dessen Bezüge ja anderweitig sichergestellt, sei keine Umpfarrung im Sinne der Min.-Bek. vom 13. Juli 1811. Von den fraglichen Grundstücken seien ferner Pl.-Nr. 300 und 301 (diese der Nutzung nach) mangels jedes gegenteiligen Nachweises als zur Pfarrdotation gehörig anzusehen. Auch die Nutzung von Pl.-Nr. 305—8 gehöre, weil der Fassion seit 60 und mehr Jahren einverleibt und s. Z. vorbehaltslos und nicht etwa für bestimmte den Protestanten in B geleistete Dienstleistungen gegeben, zur Pfarrfundation, aus welcher sie, ebenso wie alle übrigen Genußrechte, höchstens im Wege der Dismembration bei der Aufhebung des Pfarrverbandes hätten abgetrennt werden können. Nachdem eine Teilung der Pfründe damals nicht erfolgt sei, könne jetzt eine Abtretung der strittigen sechs Grundstücke überhaupt nicht, dem derzeitigen Pfarrer gegenüber aber um so weniger beansprucht werden, als man diesem die Pfarrstelle s. Z. ohne jeden Vorbehalt überwiesen habe.

Wie ist vom k. Bezirksamte zu entscheiden? Die Entscheidung ist zu begründen.

Praktischer Fall
aus dem Gebiete der inneren Verwaltung.

In dem Pfarrdorfe A der katholischen Pfarrei A, welche die Gemeinde A mit 1050 Seelen und die Ortschaft B mit 510 Seelen von der Gemeinde C umfaßt, wurde bislang der um die Pfarrkirche herumliegende, eingefriedete Kirchhof, der im Eigentume der Kirchenfabrik von A steht, als Begräbnisstätte benützt.

In der Voraussicht, daß der Kirchhof bald zu beschränkt werden möchte, wurde im Jahre 1885, da sich gerade sehr günstige Gelegenheit bot, von dem Fabrikrate A dem Bierbrauer Kurz in A ein mit dem Kirchhofe zwar nicht zusammenhängendes, aber nur 20 Meter davon entferntes Grundstück Pl. Nr. 30 abgekauft und der Kauf am 1. Mai 1885 vor dem Notare List in X beurkundet.

Die Unzulänglichkeit des Kirchhofes machte sich auch in Bälde fühlbar und mit Verfügung vom 1. März 1889 eröffnete das Kgl. Bezirksamt X an den Fabrikrat A, daß der Kirchhof sichtlich zu klein und eine Abhilfe geboten sei.

Nach Beschluß vom 10. März 1889 berichtete der Fabrikrat A: Er gebe die Unzulänglichkeit des Kirchhofes zu; eine Erweiterung desselben sei jedoch in unmittelbarster Umgebung nicht möglich; der Fabrikrat habe deshalb vor einigen Jahren schon das Grundstück Pl.-Nr. 30 ganz nahe dem Kirchhofe zu einer weiteren Fläche für Beerdigungen erworben; allein die Fabrik besitze keine Mittel, das Grundstück zu Friedhofszwecken anzulegen.

Diese Vorlage des Fabrikrates A schloß das Bezirksamt X mit Randverfügung vom 15. März 1889 dem Gemeinderate A mit dem Bemerken zu, daß bei nachgewiesener Leistungsunfähigkeit der Kirchenfabrik die Begräbnisgemeinde über die Friedhoferweiterung und die Kostendeckung Beschluß zu fassen habe.

Der Bürgermeister von A ließ Projekt und Kostenanschlag fertigen, berief dann alle mit Steuer angelegten selbständigen männlichen Einwohner der Gemeinde A und der Ortschaft B auf den 1. April 1889 in das Gemeindelokal von A zusammen und in dieser Versammlung, wozu von 160 Geladenen 120 erschienen, wurde mit 100 gegen 20 Stimmen beschlossen:

Es sei auf dem Grundstücke Pl.-Nr. 30 der Kirchenfabrik A nach vorliegendem Projekte und Kostenanschlage ein ummauerter Friedhof anzulegen, der Kostenbedarf zu 5000 ℳ durch eine in Jahresfristen von 300 ℳ zu verzinsende und zu tilgende Anleihe zu decken, die jeweilige Jahresfrist aber durch Umlagen in der Begräbnisgemeinde aus deren Gesamtsteuersoll von 3340 ℳ aufzubringen.

Der Fabrikrat A erklärte sich am 5. April 1889 mit diesem Beschlusse einverstanden und nachdem von amtsärztlicher und bautechnischer Seite keine Erinnerung bestand, erging von dem K. Bezirksamte X an den Gemeinderat und den Fabrikrat in A Bescheid vom 30. April 1889 dahin, daß die Friedhoferweiterung in A nach vorgelegtem Projekte und Kostenanschlage genehmigt werde.

Sofort wurden von dem Bürgermeister und dem Pfarrer zu A die Arbeiten in Akkord vergeben und bis 1. Oktober 1889 war die neue Friedhofanlage fertig.

Zur Deckung der Kosten wurden von dem Gemeinderate A bei der Distriktssparkasseverwaltung in X 5000 ℳ zu 4 % aufgenommen und an den Akkordanten ausbezahlt.

Bei Aufstellung der Voranschläge für 1890 wurde in der Gemeinde A und in der Gemeinde C die Umlage für den Friedhof in A entsprechend aufgenommen; im Voranschlage der Gemeinde C wurde jedoch nach Beschluß des Gemeinderates vom 20. November 1889, wobei Mitglieder des Fabrikrates jedoch nicht beigezogen wurden, dazu ausgesprochen, daß diese Umlage von der Ortschaft B allein aufzubringen sei; Erinnerungen zu dem Voranschlage der Gemeinde C kamen nicht ein und von dem Bezirksamte X blieb der Voranschlag unbeanstandet.

Als jedoch im August 1890 zum erstenmale die Friedhofumlage in der Ortschaft B erhoben wurde, kam es zu einer Beanstandung.

In der Ortschaft befindet sich nämlich ein größeres Landgut und dieses Gut ging nach notariellem Kaufvertrage vom 1. Juli 1890 von dem seitherigen katholischen Besitzer Leicht auf den protestantischen Bankier Grau von Stadt F über, der das Gut durch den katholischen Verwalter Grün bewirtschaften läßt und mit seiner Familie nur zeitweise auf dem Gute in B sich aufhält.

Als nun der Gemeindeeinnehmer von C am 5. August 1890 dem Verwalter Grün 20 ℳ als Friedhofumlage des Gutes in B zur Gemeinde C und bezw. A abforderte, schrieb der Verwalter nach Benehmen mit Bankier Grau zurück, daß dieser von einer Verpflichtung zur Zahlung einer solchen Umlage sich nicht überzeugen könne und deshalb die Zahlung verweigere.

Auf diese Zuschrift vom 10. faßte am 15. August 1890 der Gemeinderat C Beschluß dahin:

Es sei Bankier Grau, nachdem der neue Friedhof in A von der Begräbnisgemeinde A hergestellt worden sei und die Ortschaft B zu dieser gehöre, schuldig, nach Maßgabe der vom Gute in B zu entrichtenden Steuer von 222 ℳ eine Umlage von 20 ℳ für 1890 zur Verzinsung und Tilgung der Friedhofschuld zu zahlen.

Dieser Beschluß wurde am 20. August 1890 durch den Gemeindediener dem Verwalter Grün zugestellt, welcher das Schriftstück lediglich in sein Pult verschloß.

Am 20. September 1890 schickte der Bürgermeister von C dem Bankier Grau direkt eine Mahnung mit Androhung der Zwangsbeitreibung zu, worauf letzterer den Rechtsanwalt Lang zu seiner weiteren Vertretung in der Sache bevollmächtigte.

Dieser reichte gegen den Beschluß des Gemeinderates C vom 15. August am 1. Oktober eine Beschwerde vom 25. September 1890 bei dem K. Bezirksamte X ein und führte darin aus: Bankier Grau halte sich nur zeitweise im Jahre mit der Familie auf seinem Gute in B auf und könne deshalb gar nicht als Mitglied der Begräbnisgemeinde A betrachtet und behandelt werden; überdies sei seine ganze Familie protestantisch und werde er sich gegebenen Falls zu der benachbarten protestantischen Pfarrei N und dem dort befindlichen Kirchhofe halten; es werde deshalb um Aufhebung des gemeindlichen Beschlusses gebeten.

Der Gemeinderath C, welchem diese Beschwerde zuging, gab — verbeistandet durch einen Rechtsanwalt — Erklärung vom 15. Oktober 1890 dahin ab: Die Beschwerde des Bankier Grau sei vor Allem verspätet und müsse deshalb schon zurückgewiesen werden; im Übrigen sei der Gemeinderat C eigentlich nur sehr untergeordnet an der Sache beteiligt, da ein Entgang der Umlage von dem Gute in B zunächst die Gemeinde A als Hauptbestandteil der Begräbnisgemeinde A berühre.

Abgesehen aber hievon müsse festgehalten werden, daß es sich bei der neuen Friedhofanlage in A um eine Gemeindesache handle; die Gemeinden hätten für die Begräbnisplätze zu sorgen und nachdem die Ortschaft B den neuen Friedhof in A gemeinschaftlich mit der Gemeinde A besitze, müsse erstere nach der Gemeindeordnung auch dazu beitragen; es sei auch die Friedhofumlage der Ortschaft B im Voranschlage der Gemeinde C für 1890 richtig durchgeführt und von keiner Seite eine Erinnerung dagegen erhoben worden; die Beschwerde des Bankier Grau sei deshalb auch unbegründet und zu verwerfen.

Pfarramt und Fabrikrat A, welche von dem Bezirksamte nun einvernommen wurden, äußerten unterm 1. November 1890:

Dem Standpunkte des Bankiers Grau müsse durchaus beigepflichtet werden; es handle sich hier lediglich um eine Erweiterung des alten Kirchhofes; die neue Anlage befinde sich auf Eigentum der Kirchenfabrik und sei selbst Eigentum der letzteren; nur weil diese keine eigenen Mittel mehr dafür besaß, hatte die Kirchengemeinde A, welche auch die Begräbnisgemeinde bilde, dafür einzustehen; die Durchführung der Friedhofumlage in den Voranschlägen der Gemeinden A und C könne den Rechten der Kirchenfabrik nicht vorgreifen und sei der Fabrikrat bereit, Schuld und Umlage für die Kirchhoferweiterung auf sein Kassa- und Rechnungswesen zu übernehmen.

Im Uebrigen selbst wenn die Friedhofumlage nicht auf die Kirchengemeinde, sondern auf die einschlägigen politischen Gemeinden sich bezöge, so stünde nur eine freiwillige Leistung der letzteren an Stelle der Kirchenfabrik in Frage; an dem rechtlichen Charakter der neuen Friedhofanlage könne sich damit nichts ändern.

Außerdem sei die Kirchen- und bezw. Begräbnisgemeinde A rein katholisch und der Kirchhof ausschließlich für die Katholiken bestimmt; Bankier Grau stehe dazu in keinerlei Beziehung und nachdem er solche selbst nicht geltend mache, werde er allerdings auch zur Friedhofumlage nicht herangezogen werden können.

Der Gemeinderat A ließ auf Verfügung des k. Bezirksamtes X vom 5. unterm 20. November 1890 vernehmen: Die Herstellung von Begräbnisplätzen sei Sache der Gemeinden und deshalb sei von der Gemeinde A in Gemeinschaft mit der Ortschaft B der neue Friedhof in A auf ihre Kosten angelegt worden; dieser sei daher auch Eigentum der Begräbnisgemeinde als politischer Körperschaft, nicht aber der Kirchengemeinde oder der Kirchenfabrik; wenn der Fabrikrat den Platz Pl.-Nr. 30 zu dem Friedhofe überlassen habe, so ändere dieß an dem Rechte der Gemeinde nichts und im übrigen habe der Fabrikrat, soviel bekannt, gar keine Kuratelgenehmigung zu dem Kaufe des Platzes Pl.-Nr. 30 besessen; der Kauf sei deshalb ohnehin rechtsungiltig und Bierbrauer Kurz dahin erbötig, sein Grundstück Pl.-Nr. 30 nachträglich an die Begräbnisgemeinde A käuflich abzulassen und der Kirchenfabrik A den gezahlten Kaufpreis rückzuersetzen; wegen der Gebühren und sonstigen Nachteile aus dem Kaufe aber möge sich der Fabrikrat an den kgl. Notar List in X halten, der ohne Kuratelgenehmigung den Kauf nicht hätte beurkunden sollen.

Die Friedhofumlage sei sonach eine reine Gemeindeumlage, zu welcher Bankier Grau nach seiner Steueranlage in Gemeinde C und bezw. Ortschaft B ebenfalls beizutragen habe; im übrigen sei die Vertretung dieser Frage Sache der Gemeinde C, zu welcher die Ortschaft B gehöre.

Dieser Erklärung gegenüber beharrten Pfarramt und Fabrikrat A in Aeußerung vom 10. Dezemer 1890 auf ihrem Standpunkte mit dem Anfügen: Allerdings hätte wegen der gebotenen Dringlichkeit zu dem Kaufe des Grundstückes Pl.-Nr. 30 eine Genehmigung damals nicht eingeholt werden können; das könne aber auch nachträglich noch geschehen und im übrigen habe bereits die Rechnung 1885 jenen Kauf mit dem Kaufpreise ausgewiesen und sei jene Rechnung bei der Prüfung in diesem Punkte unbeanstandet geblieben, womit die Genehmigung dazu erteilt erscheine.

Zu diesen Verhandlungen gab Rechtsanwalt Lang weitere Erklärung vom 20. Dezember 1890 dahin ab:

1. Gleichviel ob es sich bei der Friedhofumlage in B um eine Kultus- oder um eine Gemeindeumlage handle, könne Bankier Grau als Protestant niemals zu Umlagen für den katholischen Friedhof in A, zu dem er keinerlei Beziehung habe, herangezogen werden; er halte sich zu dem Friedhofe seiner Konfession in N, wohin er auch zu zahlen bereit sei.
2. Wäre aber auch Grau — wie nicht — an sich umlagenpflichtig zu dem Friedhofe in A, so müßte er die Umlage gleichwohl verweigern; zur Anlage von Friedhöfen sei nach der Formationsverordnung Genehmigung der k. Kreisregierung notwendig; solche läge aber für den Friedhof in A nicht vor, weshalb für die Kosten zunächst lediglich diejenigen einzutreten hätten, welche eigenmächtig damit vorgegangen sind.
3. Abgesehen hievon sei die Friedhofanlage und die Kostendeckung in einer Versammlung der Begräbnisgemeinde d. i. von der Gemeinde A unter Zuziehung der Ortschaft B beschlossen worden; solche Beschlußfassung sei der Gemeindeordnung fremd und könne der fragliche Beschluß überhaupt keine Giltigkeit haben.
4. Weiter noch müßte, wenn die Friedhofanlage in A den Gemeinden oblag, die ganze Gemeinde C für den auf B treffenden Kostenteil einstehen und nachdem der Voranschlag der Gemeinde C für 1890 ohne Umlagenerhebung mit 200 ℳ Mehreinnahme abschließe, könne in B eine Umlage überhaupt nicht erhoben werden; eine Ausscheidung nach Ortschaften sei für derartige Gemeindezwecke nirgends im Gesetze begründet.

5. Wenn der Besitzvorfahrer gegen den Voranschlag der Gemeinde C in Bezug auf die Friedhofumlage in B keine Erinnerung erhoben habe, so könne das doch dem Bankier Grau nicht schaden; letzterer könnte namentlich für die auf die Zeit vom 1. Januar bis 1. Juli 1890 treffende Umlagenrate unter keinen Umständen haftbar gemacht werden.
6. Von einer Versäumnis der Beschwerdefrist schließlich könne keine Rede sein, da Verwalter Grün zur Empfangnahme von Schriften für Bankier Grau keinerlei Vollmacht besitze.

Aus all' diesen Gründen werde wiederholt die Aufhebung des Gemeinderatsbeschlusses vom 15. August 1890 beantragt.

Dieser Erklärung legte Rechtsanwalt Lang eine „Bestätigung des protestantischen Pfarramtes und Presbyteriums N vom 10. Dezember 1890" bei, wonach „dem Bankier Grau mit seiner Familie der Anschluß an den Kirchhof in N gewährt und seinem Gesuche gemäß auch bereits ein passender Platz an der Kirche als künftige Familiengrabstätte überlassen wurde."

Der Gemeinderat C brachte unterm 2. Januar 1891 dagegen noch vor:

1. Wenn der Beschluß vom 15. August 1890 in Abwesenheit des Bankiers Grau und seiner Familie auf seinem Gute in B dem Verwalter zugestellt wurde, so sei solche Zustellung statthaft und korrekt und liege sonach allerdings Versäumnis der Beschwerdefrist vor.
2. Die auf B treffende Friedhofumlage sei von dem Gemeinderate A ausdrücklich als Gemeindeumlage bezeichnet worden und könne deshalb vom Gemeinderate C auch nur als solche eingehoben werden; ob im übrigen der neue Friedhof in A gemeindliches Eigentum und gesetzmäßig angelegt sei, habe Gemeinderat C nicht zu vertreten.
3. Die Angabe über den Voranschlag der Gemeinde C für 1890 sei zwar richtig; allein in der Begräbnisgemeinde

C werde der den Gemeinden gehörige Friedhof in C seit unvordenklichen Zeiten, auch wenn Umlagen erhoben wurden, stets ohne Zuziehung der Ortschaft B unterhalten; letztere habe deshalb auch für den Friedhof in A allein und ohne die übrige Gemeinde C beizutragen, was B auch nicht bestreite.

4. Der vorige Besitzer des Gutes in B, der jetzige Rentner Leicht in Stadt M, habe bei seinem Abzuge noch auf Zuredestellung wegen der Friedhofumlage in B seinen Kaufvertrag mit Bankier Grau vom 1. Juli 1890 vorgewiesen, wonach „Verkäufer Leicht vom Tage der Kaufsbeurkundung an keinerlei weitere welch' Namen immer habende öffentliche Abgabe vom Gute mehr zu entrichten habe"; im übrigen werde, wenn das Gesetz anders bestimmen sollte, gebeten, den Rentner Leicht entsprechend zur Umlagenzahlung zu verhalten.

Mit Bezug auf Ziff. 3 der Schrift des Rechtsanwaltes Lang vom 20. Dezember 1890 legte Bürgermeister von C, da nach seiner Erhebung bei der Versammlung vom 1. April 1889 in A nur 20 Ortsbürger von B anwesend waren, den nach Ladung der sämmtlichen 45 Ortsbürger veranlaßten Beschluß einer Ortsversammlung in B vom 30. Dezember 1890 bei, den die erschienenen 30 Ortsbürger einstimmig unterschrieben und der dahin lautete: Es sei an dem Beschlusse in A vom 1. April 1889 festzuhalten; die Ortschaft besitze auch keine anderen Deckungsmittel als Umlagen und hätten auch schon alle bis auf Bankier Grau für 1890 gezahlt.

Diesem Beschlusse fügte Bürgermeister von C bei, daß Bankier Grau noch kein Bürgerrecht in Gemeinde C besitze und deshalb zur Ortsversammlung vom 30. Dezember 1890 weder geladen noch vertreten war.

Der noch einvernommene Rentner Leicht berief sich mit Erklärung vom 20. Januar 1891 auf seinen Kaufvertrag mit Bankier Grau vom 1. Juli 1890, wonach er für keinerlei Abgaben oder Umlagen von dem Gute in B mehr aufzukommen habe; im übrigen sei er ohnehin mit der Friedhofanlage in A niemals einverstanden gewesen und müsse heute noch deren Notwendigkeit und Zweckmäßigkeit bestreiten; auch sei die Schuldaufnahme hiefür seines Wissens nicht genehmigt und müsse er nach all' dem jede Umlagenforderung zurückweisen.

Auf Grund dieser Aktenlage erließ nun das k. Bezirksamt X Beschluß vom 10. Februar 1891 dahin:

1. Der Beschluß des Gemeinderates C vom 15. August 1890 sei aufzuheben und habe
2. Der Gemeinderat C die Kosten zu tragen, wobei jedoch eine Gebühr für den Beschluß nicht erhoben werde und die Auslagen auf Vertretung von jeder Partei selbst zu bestreiten seien, und zwar unter nachstehenden Erwägungen:
   a) Der Gemeinderatsbeschluß vom 15. August 1890 ist als Beschluß in eigentlichen Gemeindeangelegenheiten aufzufassen; allein dessen Zustellung an Verwalter Grün, der eine Vollmacht nicht besitzt, kann die Zustellung an Bankier Grau nicht ersetzen und ist deshalb des letzteren Beschwerde keineswegs verspätet.
   b) Die Friedhofanlage von A wurde mit bezirksamtlichen Bescheide vom 30. April 1889 genehmigt; nachdem dieser Bescheid von keiner Seite damals angefochten wurde, ist derselbe rechtskräftig und keine weitere Anfechtung mehr zulässig.
   c) Der neue Friedhof in A bildet einen selbständigen Begräbnisplatz und deshalb allerdings eine gemeindliche Anlage; der Kauf der Pl.-Nr. 30 durch den Fabrikrat A ist, nachdem eine Genehmigung dazu weder erholt noch erteilt wurde und die Nicht-Beanstandung des verrechneten Kaufpreises jene nicht ersetzen kann, als rechtsungiltig zu betrachten und bleibt einerseits dem Fabrikrate A überlassen, sich mit den Beteiligten darüber abzufinden, anderseits

der Kuratelbehörde vorbehalten, die Fabrikratsmitglieder für jeden Schaden der Fabrik haftbar zu machen.

Die Beschlüsse der Begräbnisgemeinde A und bezw. der Gemeindeversammlung A und der Ortschaft B über die Schuldaufnahme für den Friedhof werden, nachdem dieß bis jetzt noch nicht geschehen, hiemit nachträglich staatsaufsichtlich genehmigt.

d) Nachdem es hienach um eine Gemeinde- und nicht um eine Kultusumlage sich handelt, kommt es nicht weiter darauf an, ob Bankier Grau in B wohnhaft ist; er hätte schon auf Grund seiner Steueranlage in B beizutragen; allein § 84 der Beilage II zur Verfassungsurkunde sagt: „Religionsverwandte einer öffentlich aufgenommenen Kirche, welche keine eigene Gemeinde bilden, können sich zu einer entfernten Gemeinde ihres Glaubens innerhalb der Grenzen des Reiches halten“; dem Bankier Grau als Protestanten steht es demnach zu, sich zur protestantischen Pfarrei N zu halten und nachdem er solches für seine Familie in Bezug auf das Begräbnis mit Pfarramt und Presbyterium N bereits geordnet hat, kann er zu einer Friedhofumlage in B nicht weiter pflichtig sein.

e) Die Frage, ob Rentner Leicht für die Friedhofumlage vom Gute in B bis 1. Juli 1890 einzustehen habe, ist, da es sich zunächst nur um den von Bankier Grau angefochtenen Gemeinderatsbeschluß vom 15. August 1890 handelt, eigentlich gegenstandslos; im übrigen hat Leicht nach dem vorgelegten Kaufvertrage vom 1. Juli 1890 für öffentliche Abgaben vom Gute in B nicht weiter aufzukommen nnd nachdem Verträge bekanntlich auch auf dem Gebiete der Verwaltung und in öffentlich rechtlichen Angelegenheiten vorkommen und Geltung haben, kann Leicht für die mit der Einhebung im August 1890 fällig gewordene Umlage von dem Gute in B nicht in Anspruch genommen werden.

f) Wenn zu der im Voranschlage der Gemeinde C für 1890 durchgeführten Friedhofumlage von B in der gesetzlichen Auflagefrist keine Erinnerung erhoben wurde, so steht jene Umlage damit allerdings im allgemeinen fest und kann insbesondere jetzt nicht mehr durch das Eingelenke, als seien die auf B treffenden Friedhofkosten von der ganzen Gemeinde C zu tragen, in Frage gestellt werden; dagegen war mit jenem Voranschlage die Umlagenpflicht im einzelnen noch nicht festgestellt, weshalb er dem Bankier Grau nicht entgegensteht.

g) Nach all dem ist der Gemeinderatsbeschluß vom 15. August 1890 als gesetzwidrig aufzuheben und hat der Gemeinderat C als unterliegender Teil die Kosten des Verfahrens — mit Ausnahme jener für Parteivertretung, welche jeder Teil selbst zu bestreiten hat — zu tragen; bei dem staatsaufsichtlichen Charakter der Verhandlungen ist jedoch eine Gebühr nicht zu erheben.

Ausfertigung dieses Beschlusses wurde am 22. Februar 1891 den Gemeinderäten A und C, dem Fabrikrate A, sowie dem Rechtsanwalte Lang und dem Rentner Leicht zugestellt.

Am 1. März 1891 kam dagegen bei dem k. Bezirksamte X Beschwerde des Gemeinderates C ein mit der Ausführung: Die Aufhebung seines Beschlusses vom 15. August 1890 entspreche weder formell noch materiell dem Gesetze; der § 84 der II. Verfassungsbeilage schlage sicherlich auf den vorliegenden Fall nicht ein; solange Bankier Grau mit seiner Familie nicht förmlich der Pfarrei N zugeteilt werde, sei bei Todesfällen in seiner Familie auf dem Gute in B der Friedhof in A der ordnungsgemäße Ort der Beerdigung, den er nach dem Polizeistrafgesetze nicht willkürlich ignorieren könne; Pfarramt und Presbyterium N seien für eine Zulassung des Bankier Grau zum Friedhof in N auch gar nicht zuständig, nachdem der Kirchhof in N zwar Eigentum der Kultusstiftung oder Kirchengemeinde sei, die für dessen Benützung maßgebende Friedhofordnung aber von dem Gemeinderate N erlassen sei und gehandhabt werde.

Auch die Überbürdung der Kosten auf den Gemeinderat C scheine nicht gerechtfertigt und müsse wiederholt hervorgehoben werden, daß sachlich eigentlich die Begräbnisgemeinde A und bezw. die Ortschaft B die Beteiligten seien; die K. Regierung, Kammer des Innern, wolle deshalb den bezirksamtlichen Beschluß aufheben und den Bankier Grau oder bezw. den Rentner Leicht zur Umlagenzahlung und Kostentragung verhalten.

Zu dieser Beschwerde bemerkte der Gemeinderat A bei: Er schließe sich der Beschwerde an, insoweit darin die Zugehörigkeit des Gutes in B zum Begräbnisbezirke von A und die Umlagenpflichtigkeit des Bankier Grau und bezw. Rentners Leicht zum Friedhofe von A in Anspruch genommen sei.

Von dem Fabrikrate A lief bei dem Bezirksamte X am 9. März 1891 eine Beschwerde ein, welche hervorhob: Der kirchliche Charakter des Friedhofes und seiner jüngsten Erweiterung in A wie auch der Friedhofumlage in A und B müsse festgehalten werden; die Entscheidung über die Eigentumsfrage stehe überhaupt endgültig wohl nur dem Gerichte und nicht der Verwaltungsbehörde zu; das K. Bezirksamt habe deshalb mit Unrecht die Friedhoferweiterung in A als gemeindliche Anlage erklärt und behandelt.

Diese Beschwerden wurden den anderweitigen Beteiligten zur Wahrung ihrer Interessen in Abschrift zugeschlossen, worauf Rechtsanwalt Lang am 20. März 1891 „Gegenvorstellung" bei dem K Bezirksamte X dahin anbrachte, daß er der Beschwerde der Gemeinderäte A und C gegenüber auf seinen früheren Ausführungen und Anträgen beharren müsse; sollte aber die Beschwerdeinstanz gleichwohl eine Umlagenpflicht des Bankier Grau annehmen, so könne solche auf keinen Fall über den 1. Juli 1890 sich erstrecken; außerdem sei es allgemeine Rechtsregel, daß der unterliegende Streitgegner die Kosten des Verfahrens tragen müsse, und bestehe im vorliegenden Falle keinerlei Grund, die Vertretungskosten davon auszunehmen; er bitte deshalb die K. Regierung, iu seinem Sinne zu erkennen.

Zu dieser Vorstellung des Rechtsanwaltes Lang erklärte Rentner Leicht, dem eine Abschrift davon zugeschlossen wurde, unterm 1. April 1891 an das K. Bezirksamt X: Bezüglich der Umlagen über den 1. Juli 1890 zurück sei, nachdem Rechtsanwalt Lang nicht rechtzeitig Beschwerde erhob, der bezirksamtliche Beschluß vom 10. Februar 1891 bereits rechtskräftig: im übrigen müsse er auf seinen Bedenken gegen die Friedhofanlage in A überhaupt beharren und beantrage, daß die K. Regierung zunächst über die Notwendigkeit und Zweckmäßigkeit der Friedhoferweiterung von 1889 sowie der Schuldaufnahme dazu in seinem Sinne befinde und die Begräbnisgemeinde A mit jeglicher Umlagenerhebung dafür zurückweise.

Am 5. April 1891 legte das K. Bezirksamt X sämtliche Akten an die k. Regierung von Z, Kammer des Innern, vor, wo sie zunächst in das Kreismedizinal- und das bezügliche Kreisbaureferat geleitet wurden; ersteres äußerte: Die Friedhoferweiterung in A hätte, wenn eine strengere Ordnung in der Reihenfolge der Gräber und weniger Raumverschwendung im alten Kirchhofe bestünde, allerdings um 6—8 Jahre noch hinausgezogen werden können und im übrigen könne die neue Friedhofanlage in A wegen der Nähe des Hauptbrunnens im Orte nicht gutgeheißen werden; das Kreisbaureferat erinnerte, daß an der Nordseite des neuen Friedhofes nach der dortigen Bodengestaltung unbedingt einige Stützmauern hätten angebracht werden sollen.

Außerdem wurden seitens der K. Regierung noch folgende Ergänzungen zu den Akten gebracht:

a) Das bischöfliche Ordinariat R äußerte, daß seinerseits der Standpunkt des Pfarramtes und des

Fabrikrates in A geteilt werde, und das protestantische Konsistorium S erklärte, daß gegen den Anschluß des Bankiers Grau mit Familie an die protestantische Begräbnisgemeinde N keine Erinnerung bestehe.

b) Konstatiert wurde, daß die Ortschaft B eine besondere Markung und an Vermögen einen eigenen Wald besitzt, dessen Ertrag indeß unter die Ortsbürger verteilt wird, ferner daß in Ortschaft B bis jetzt eine besondere Verwaltung nicht bestellt war.

Da unter diesen Voraussetzungen mit Hinweis auf die Gemeindeordnung von der K. Regierung die vorgängige Wahl einer Ortsverwaltung und deren Einvernahme zur Sache angeordnet war, so wurde unter Leitung des Bürgermeisters von C ein Verwalter nebst zwei Bevollmächtigten in B gewählt und von dieser Ortsverwaltung Erklärung am 1. Mai 1891 dahin abgegeben, daß sie den Beschwerden der Gemeinderäte C und A in der Hauptsache beitrete.

Dazu wurde weisungsgemäß aufgeklärt, daß das Steuersoll von B 1110 ℳ und die Steuer der 5 Höchstbesteuerten 360 ℳ beträgt.

c) Aus den eingeholten Rechnungen der Gemeinde C, welche bis 1802 vorhanden waren, geht hervor, daß der katholische Friedhof in C und zwar zwischen 1806 bis 1880 des öfteren unter Erhebung besonderer Beiträge oder Umlagen — stets von der Gemeinde C ohne Beiziehung von B unterhalten wurde.

Auf Grund dieser Aktenlage ist nun der Regierungs-Bescheid — sei es als Bureau-Entschließung oder als Kollegialbeschluß oder als Senatsbescheid — mit Entscheidungsgründen auszuarbeiten; soferne Senatsbescheid für nötig erachtet wird, ist vorauszusetzen, daß nach Vorschrift öffentlich mündliche Verhandlung stattgefunden und dabei nichts Neues zur Sache sich ergeben hat.

Kolibri 360 GmbH
Ferdinand-Jühlke-Straße 7
99095 Erfurt, Deutschland
produktsicherheit@kolibri360.de